Lexikon der tödlichen Lebensrisiken

Fünf Minuten oder ein halbes Leben

Ulf Schnars

Was wäre das Leben, hätten wir nicht den Mut, etwas zu riskieren?
wird Vincent van Gogh zugeschrieben

INHALT

WAS BEDEUTET RISIKO?

Wir alle setzen uns täglich bewusst oder unbewusst den unterschiedlichsten Gefahren aus. Wir nehmen am Straßenverkehr teil, wir gehen einer Beschäftigung nach und wir treiben Sport, um nur einige Beispiele zu nennen. Dieses Buch versucht, Gefahren hinsichtlich ihres Risikos zu bewerten und miteinander zu vergleichen.

Aber wie misst man Gefahr? Ein heute in Deutschland geborener Junge kann statistisch mit einer Lebenserwartung von 76 Jahren, ein Mädchen sogar mit einer Lebenserwartung von 81 Jahren rechnen. Diese Zahlen sind natürlich nur als Durchschnittswerte zu verstehen. Sie ergeben sich aus der Analyse einer großen Zahl individueller Lebensspannen und müssen tatsächlich gar nicht am häufigsten auftreten. Dies kann vielleicht am besten durch einem Vergleich mit der Notenverteilung einer Klassenarbeit verdeutlicht werden: Dort kann sich als Durchschnittsnote beispielsweise 3,5 ergeben, obwohl natürlich nur ganze Noten vergeben werden. Somit kommt die Durchschnittsnote kein einziges Mal vor. Dennoch ist diese Durchschnittsnote geeignet, das Leistungsvermögen der Klasse als Ganzes zu beschreiben. So ähnlich ist es auch mit der Lebenserwartung. Obwohl einige Menschen bereits früh versterben, werden andere 85 oder sogar über 90 Jahre alt. Die durchschnittlichen Lebenserwartungen berechnen sich, indem man die Lebensdauern einer großen Zahl von Menschen aufsummiert und durch die Anzahl der Menschen teilt.

Wenn ein Mensch durch einen Unglücksfall stirbt, dann kann man das Risiko für diese Todesursache charakterisieren, indem man angibt, wie viele von z. B. 1000 Menschen genau an dieser Ursache – in einer vergleichbaren Ausgangssituation – sterben. Die Angabe „von 1000 Autofahrern sterben 166 im Laufe ihres Lebens infolge eines tödlichen Verkehrsunfalls" ist also geeignet, das Risiko Autofahren zu beschreiben. Dabei sollte aber nicht vergessen werden, dass das individuelle Risiko von diesem Durchschnittswert durchaus abweichen kann. Manche Zeitgenossen fahren beispielsweise weit mehr Kilometer pro Jahr als der Durchschnitt, andere setzen sich (und andere) durch eine riskante Fahrweise besonders hohen Gefahren aus, wieder andere fahren sehr vorsichtig oder können einfach besser fahren. Dennoch ist die obige Angabe, nach der von 1000 Autofahrern soundso viele infolge eines Unfalls sterben, geeignet, das Risiko Autofahren zumindest in etwa mit anderen Lebensrisiken zu vergleichen. Bei sehr geringen Risiken ist es allerdings ratsamer, die Anzahl der Todesfälle nicht auf 1000, sondern auf eine sehr viel größere Anzahl (z. B. 1 Million) zu beziehen, um stets mit ganzen Zahlen zu arbeiten.

Eines wird durch die bloße Angabe, wie viele Todesfälle pro 1000 oder mehr Menschen auftreten, allerdings nicht berücksichtigt. Dies ist das Alter, indem ein bestimmtes Lebensrisiko normalerweise eintritt. Durch Motorradfahren verunglücken beispielsweise vorwiegend jüngere Menschen. Um auch das Todesalter mit zu berücksichtigen, kann man nun die durch ein tödliches Ereignis – in unserem Beispiel Motorradfahren – verkürzte Lebensspanne mit in die Berechnung einfließen lassen. Wenn das Alter eines tödlichen Unfallopfers 26 Jahres ist, dann „fehlen" dem Unglücklichen also durchschnittlich 76 minus 26 gleich 50 Lebensjahre. Nehmen wir mal an, dass jeder dreiundsechzigste Motorradfahrer seine Leidenschaft mit dem Leben bezahlt. Dann kostet das Hobby Motorradfahren im statistischen Mittel 50 („verlorene" Jahre pro Unfallopfer) geteilt durch 63 (da es ja nur jeden dreiundsechzigsten trifft), also 9,5 Monate. Diese Angabe ist oftmals wesentlich besser geeignet, ein bestimmtes Risiko abzuschätzen und mit anderen Gefahren zu vergleichen. Der Untertitel dieses Buches unterstreicht beide Sichtweisen: Ein einzelner Mensch verliert durch ein bestimmtes Risiko vielleicht die Hälfte seiner durchschnittlichen Lebenserwartung, oder alle Menschen, die sich dieser Gefahr aussetzen, verlieren statistisch jeweils nur 5 Lebensminuten.

Alle Angaben in diesem Buch entstammen öffentlich zugänglichen Quellen. Die hieraus abgeleiteten Risiken sind als Abschätzung zu begreifen, um bestimmte Gefahren richtig einordnen zu können. Die tatsächliche individuelle Gefahr hängt natürlich von persönlichen Lebensausprägungen, Vorlieben und Umweltbedingungen ab. Diese vielen individuellen Eigenschaften können eine bestimmte Gefahr gegenüber den Fallbeispielen vergrößern oder verkleinern. Dennoch wird durch die Angabe von ungefähren Größenordnungen der jeweiligen Risiken ein Vergleich von sehr unterschiedlichen Gefahrenquellen ermöglicht.

Es werden nur prinzipiell vermeidbare Risiken beschrieben. Prinzipiell bedeutet hierbei, dass man eine Gefahr durch bestimmte Verhaltensweisen vermeiden kann, auch wenn man dadurch in Askese leben müsste. Krankheiten als natürliche Todesursachen werden daher nur behandelt, wenn man die Wahrscheinlichkeit des Ausbrechens durch bestimmte Verhaltensweisen beeinflussen kann (beispielsweise durch das Rauchen).

AIDS

AIDS (Acquired immunodeficiency syndrome), zu Deutsch etwa "erworbene Immunabwehrschwäche", ist eine ansteckende, bisher meist tödlich verlaufende Krankheit. Aids wird durch das HIV-Virus übertragen. Als Folge der Zerstörung des Immunsystems kommt es bei den Erkrankten zu lebensgefährlichen Infektionen und Tumoren. Die Krankheit bricht typischerweise erst mehrere Jahre nach der Infektion mit dem HIV-Virus aus. Weltweit gibt es ca. 35 Millionen HIV-positive, d. h. infizierte Menschen. Etwa zwei bis zweieinhalb Millionen Menschen starben bisher an Aids. In Deutschland sind schätzungsweise mehr als 60000 Menschen HIV-positiv. Bisher starben in Deutschland 27000 Menschen an Aids.

Die Diagnose HIV-positiv bedeutete vor einigen Jahren noch den sicheren Tod. Die Überlebenszeit nach Ausbruch der Krankheit betrug nur wenige Monate bis wenige Jahre. Dies hat sich grundlegend gewandelt. Aids lässt sich zwar immer noch nicht heilen, verbesserte Therapien, meist durch eine Kombination verschiedener Medikamente, erlauben den Infizierten heute jedoch ein fast normales Leben. Dabei gilt: Je früher die Therapie begonnen wird, umso länger ist die Lebenserwartung. Ein sofort nach Bekanntwerden der Infektion behandelter Patient hat nach neueren Studien eine „nur noch" um 20 Jahre geringere Lebenserwartung als der Durchschnitt der Bevölkerung. Aids hat sich von einer tödlichen zu einer chronischen Krankheit entwickelt.

Nachdem die Gefahr einer Ansteckung mit dem HIV-Virus durch Bluttransfusionen erkannt und weitgehend gebannt wurde, bleibt heute als Hauptansteckungsquelle der ungeschützte Sexualverkehr mit HIV-positiven Partnern. Das Ansteckungsrisiko beträgt für eine Frau bei einmaligem Geschlechtsverkehr mit einem HIV-positiven Mann 1 zu 769. Für einen Mann, der mit einer HIV-positiven Frau schläft, beträgt das Risiko 1 zu 454. Dividiert man die um 20 Jahre verringerte Lebenserwartung durch 769 (für Frauen) bzw. 454 (für Männer), dann verkürzt sich das Leben bei einmaligem Verkehr mit einer/ einem Infizierten statistisch um etwa 10 Tage für Frauen und um 16 Tage für Männer.

Um das Ansteckungsrisiko für den ungeschützten Geschlechtsverkehr mit unbekannten Partnern abzuschätzen, geht man davon aus, dass in der sexuell aktiven Bevölkerungsschicht nur etwa jeder tausendste Deutsche mit dem HIV-Virus infiziert ist (60 Millionen geteilt durch 60000 Infizierte). Dann reduziert sich das Risiko gegenüber dem Verkehr mit sicher HIV-positiven Partnern auch um den Faktor 1000. Rein statistisch verringert sich die Lebenserwartung für die Frau beim einmaligen Sexualverkehr mit einem unbekannten Mann um 15 Minuten. Für den Mann beträgt die reduzierte Lebenserwartung bei einmaligem Beischlaf mit einer unbekannten Frau etwa 23 Minuten. Diese Abschätzungen gelten natürlich nur, wenn der Sexualpartner keiner Risikogruppe, wie z. B. den Prostituierten angehört.

ALKOHOL

Wie gefährlich ist der Genuss von Alkohol? Hier muss zunächst die Frage nach der Dosis, d. h. der konsumierten Menge gestellt werden. Für Erwachsene wird eine Blutalkoholkonzentration von etwa 3 bis 6 Promille als akut tödlich angesehen. Um eine solche Konzentration zu erreichen muss ein 75 kg schwerer Mann etwa ½ bis 1 Liter hochprozentige Spirituosen (40%) oder 4 bis 8 Liter Bier trinken. Wobei diese Mengen innerhalb kürzerer Zeit konsumiert werden müssen, da sich pro Stunde 0,15 Promille Blutalkohol wieder abbauen. Somit dürfte es mit reinem Biertrinken schwierig werden, die akut tödliche Dosis überhaupt zu erreichen.

Akute Todesfälle durch schwere Alkoholvergiftungen kommen allerdings nur selten vor, da sich der Körper davor meist durch Erbrechen oder Bewusstlosigkeit schützt. Dagegen ist der chronische Alkoholmissbrauch ein großes gesellschaftliches und soziales Problem. Die Weltgesundheitsorganisation gibt als Grenzwert für kritischen Alkoholgenuss für Männer eine tägliche Menge von 40 Gramm reinem Alkohol an, für Frauen beträgt die kritische Menge 20 Gramm. Dies entspricht bei Männern einem täglichen Konsum von 2 bis 3 Flaschen Bier, bei Frauen von eineinhalb Flaschen. Ob Alkoholkonsum unterhalb dieser Grenzwerte tatsächlich gänzlich ungefährlich ist, ist unter Wissenschaftlern allerdings noch umstritten. Andererseits gibt es auch Studien, die belegen, dass ein moderater Alkoholkonsum (das tägliche Glas Rotwein) durchaus auch positive Auswirkungen hat.

Unumstritten ist jedoch, dass der tägliche Konsum großer Mengen Alkoholika zu schweren und tödlichen Erkrankungen führt. Neben der Abhängigkeit verursacht langjähriger Alkoholmissbrauch vor allem Leberschäden (Zirrhose und Krebs) und weitere Krebserkrankungen (Mundhöhle, Rachen, Kehlkopf, Speiseröhre, Darm). Nach Schätzungen sind weltweit 3 bis 4 Prozent aller Krebserkrankungen allein auf chronischen Alkoholmissbrauch zurückzuführen. Weiterhin begünstigt oder verursacht übermäßiger

Alkoholkonsum Herzmuskelerkrankungen, Persönlichkeitsveränderungen sowie psychische Krankheiten wie Depressionen und Psychosen. Nicht zu vergessen sind Folgen des Missbrauchs für die Familien der Alkoholiker. Es gilt als gesichert, dass chronische Alkoholiker eine um 10 bis 15 Jahre geringere Lebenserwartung haben. Das individuelle Risiko hängt von der tatsächlich konsumierten Menge und der Dauer des Alkoholmissbrauchs ab. Die Art des konsumierten Alkohols spielt dabei keine Rolle, entscheidender Faktor ist die konsumierte Menge an reinem Alkohol. Wie beim Rauchen zahlt sich das Aufhören in jeder Lebensphase aus, sofern nicht schon irreversible Gesundheitsschäden eingetreten sind. Ein trockener Alkoholiker hat schon nach wenigen Jahren wieder die gleiche Lebenserwartung wie ein Abstinenzler oder gelegentlich moderat trinkender Zeitgenosse.

ARBEITSUNFÄLLE

Nach Auskunft der Berufsgenossenschaften ereignen sich in Deutschland jedes Jahr fast eine Million meldepflichtige Arbeitsunfälle. Hinter dieser Zahl verbergen sich harmlose Blessuren oder Quetschungen, leichtere bis schwere Verletzungen wie Stauchungen und Knochenbrüche und auch etwa 600 bis 700 tödlich verlaufende Unfälle. Wegeunfälle und Todesfälle aufgrund von Berufskrankheiten sind hier nicht mitgerechnet. Bei 40 Millionen Erwerbstätigen verstirbt jährlich rein statistisch also jeder Siebenundfünfzigtausendste durch einen Arbeitsunfall. In 40 Berufsjahren beträgt das Lebensrisiko dann etwa 1 zu 1400. Nimmt man pro bedauerlichem Schicksal 40 verlorene Lebensjahre an, dann ergibt sich durch das Risiko Arbeit eine verlorene Lebenszeit von 10 Tagen (40 Jahre geteilt durch 1400).
Diese Zahl ist ein Mittelwert über alle Branchen und sagt wenig über das individuelle Risiko aus. Insbesondere körperlich und mit Maschinen oder Werkzeugen arbeitende Menschen haben ein deutlich höheres Risiko, einen Unfall zu erleiden. Allein 30 Prozent aller tödlichen Arbeitsunfälle ereignen sich im Baugewerbe (inkl. Ausbau- und Bauhilfsgewerbe), obwohl hier nur ca. 3 Millionen Menschen (7,5% aller Erwerbstätigen) arbeiten. Somit beträgt das tödliche Unfallrisiko auf dem Bau pro Jahr 1 zu 14300 (3 Millionen geteilt durch 210 Todesopfer) und während des gesamtes Arbeitslebens 1 zu 357. Oder: Statistisch verlieren Bauarbeiter etwa 40 Tage Leben (40 Lebensjahre geteilt durch 357) durch ihren Beruf. Die Todesursachen sind hier zumeist Stürze aus größerer Höhe oder Unfälle mit Baumaschinen. Andere Branchen mit einem überproportional hohem Risiko sind die Land- und Forstwirtschaft sowie die verarbeitende Industrie (insbesondere die Metallverarbeitung). Dagegen ist das Risiko bei reinen „Schreibtischtätern" (Buchhaltung, öffentliche Verwaltung) naturgemäß relativ gering.
Die Hitliste der Ursachen von tödlichen Unfällen am Arbeitsplatz wird von Stürzen und Ausrutschern angeführt. Weitere häufige Ursachen sind Fehl-

bedienungen von Werkzeugen, insbesondere wenn dabei auch noch Sicherheitsvorschriften missachtet und Schutzeinrichtungen bewusst deaktiviert werden. Schließlich spielt mangelnde Erfahrung gerade bei jüngeren sowie erlahmende Routine bei älteren Arbeitnehmern (das ging schon immer gut...) eine Rolle. Technische Mängel von Maschinen und Ausrüstungsmaterialien liegen als Ursache eher am unteren Ende der Skala.

ÄRZTEPFUSCH (KRANKENHAUS)

„Noch jeden, der ins Gras gebissen, hat er von Kopf bis Fuß beschissen", spottete Otto Waalkes über die Ärzteschaft. Und damit meinte er sicherlich nicht nur kleinere oder größere Mogeleien beim Abrechnen, sondern auch Behandlungsfehler. Spektakuläre Fälle, wie die Amputation von falschen Gliedmaßen oder die berühmte, nach einer Operation im Bauch vergessene Schere, sind dabei nur die Spitze eines Eisbergs. Ein oft unterschätztes Risiko insbesondere im Krankenhaus stellen Infektionen mit verschiedenen Bakterien, wie den Staphylokokken, dar. Hinzu kommen handwerkliche Fehler bei Operationen (auch Ärzte haben mal einen schlechten Tag), aufgrund von falschen Diagnosen eintretende Verschlechterungen von Krankheitsbildern oder Medikamentenverwechslungen.

Eine im Jahr 2007 im Auftrag des Bundesgesundheitsministeriums durchgeführte Studie ergab, dass in deutschen Krankenhäusern jährlich bis zu 17000 Menschen durch vermeidbare Behandlungsfehler sterben. Dies ist bei einer Gesamtzahl von 17 Millionen Behandlungen pro Jahr immerhin jeder tausendste Patient. Geht man davon aus, dass sich jeder Bundesbürger im Schnitt zehnmal im Leben im Krankenhaus behandeln lässt, dann beträgt das Risiko durch einen Kunstfehler zu versterben im gesamten Leben also etwa 1 zu 100. Bei einer angenommenen Lebenszeitverkürzung von 20 Jahren pro Opfer (die Wahrscheinlichkeit einer Krankenhausbehandlung steigt mit zunehmendem Alter) errechnet sich daraus eine Verringerung der Lebensspanne von 20 Jahren geteilt durch 100, also von immerhin zweieinhalb Monaten. Bei der Bewertung dieses Risikos darf aber nicht vergessen werden, dass die Unterlassung von Behandlungen sicherlich zu vielen Jahren oder sogar Jahrzehnten Lebenszeitverlust führen würde und somit fast immer die schlechtere Alternative darstellt.

ASBEST

Asbest ist die Sammelbezeichnung für verschiedene mineralische Silikatfasern. Asbest zeichnet sich durch eine sehr hohe Temperaturbeständigkeit, Nichtbrennbarkeit, Langlebigkeit (Asbest kommt aus dem Griechischen und bedeutet „unauslöschlich, ewig"), Reißfestigkeit und Biegsamkeit aus. Vor allem aufgrund der Nichtbrennbarkeit wurde Asbest bis in die Achtzigerjahre des letzten Jahrhunderts in vielen Baumaterialien eingesetzt. Beispiele sind Dachbedeckungen (die berühmten Eternitplatten), Abwasserrohre oder Dämmmaterialien.
Erst relativ spät entdeckte man dann, dass Asbest leider auch extrem gesundheitsschädlich ist. Die Gefahr geht dabei von den feinen Fasern aus, die mit der Atemluft in die Lunge gelangen. Diese Fasern bleiben an den Lungenbläschen haften und durchstoßen nach und nach das Lungengewebe. Dadurch entsteht die sog. Asbestose, eine Zerstörung und Verhärtung von Lungengewebe. Die Betroffenen leiden unter einer zunehmenden Einschränkung des Atemvolumens. Aus der Asbestose entwickelt sich später oftmals Lungenkrebs. Weiterhin kann das Einatmen der Asbestfasern verschiedene andere Krebsarten des Brust- und Bauchraums sowie das Mesotheliom, eine sonst eher seltene Krebsart des Rippen- und Bauchfells, auslösen.
Erst 1993 wurde die Verwendung von Asbest in Deutschland verboten. Für die Sanierung von Altbauten mit asbesthaltigen Materialien gelten sehr strenge Auflagen. Die Atemluft der Arbeiter muss durch entsprechende Maßnahmen gefiltert werden. Außerdem ist das Tragen von Vollschutzanzügen vorgeschrieben, damit die feinen Fasern nicht an der Kleidung anhaften und so später eingeatmet werden können. Diese Maßnahmen dürften aber erst in einigen Jahren oder Jahrzehnten zu einem spürbaren Rückgang der Asbestkrankheiten führen. Die Berufsgenossen erkennen heute durch Asbest verursachte Krankheiten meist relativ problemlos an, da sich die

11

Krankheitsbilder oft eindeutig der Ursache Asbeststaub zuordnen lassen. Einen Schwellenwert für eine noch unbedenkliche Asbestkonzentrationen kann nicht angegeben werden. Vielmehr muss davon ausgegangen werden, dass der langjährige Asbestkontakt mit Sicherheit tödliche Folgen hat. Die typische Zeit zwischen dem Einatmen der Fasern und dem Krankheitsausbruch liegt dabei zwischen 15 und 40 Jahren. Der mehrjährige Kontakt mit Asbest in jüngeren Lebensjahren reduziert die Lebenserwartung je nach Dauer und Intensität der Kontamination um bis zu 20 Jahre.

BALLONFAHREN

Freiballone sind die ältesten Flugmaschinen. Am 19. September 1783 erhob sich ein von den Brüdern Mongolfièr gebauter Heißluftballon in Paris in den Himmel. Die Besatzung dieser ersten „bemannten" Ballonfahrt bestand aus einem Hahn, einer Ente und einem Hammel. Alle drei Tiere überstanden die Fahrt unbeschadet. Kurze Zeit später, am 21. November 1783, wagte man dann die erste Ballonfahrt mit Menschen. An Bord der Mongolfière (so nannte man die Heißluftballons) waren der Apotheker und Physiker Pilâtre de Rozier und der Marquis d'Arlandes. Beide landeten nach 25 Minuten unversehrt.

Tragischerweise war Pilatre des Rozier auch der erste Tote der Luftfahrt: er und sein Kopilot Romain starben 1785 bei dem Versuch, den Kanal mit einem Ballon von Frankreich nach England zu überqueren. Sie verwendeten eine Kombination aus Heißluft- und Gasballon. Über einem Heißluftballon war ein zweiter Ballon mit einer Wasserstofffüllung angebracht. Eine tödliche Kombination: Das zum Aufrechterhalten des Auftriebs des Heißluftballons notwendige offene Feuer entzündete den darüber liegenden Gasballon, es kam zum Absturz, den die Piloten nicht überlebten.

Heutige Freiballone verwenden zumeist von einem Gasbrenner erhitzte Luft als Auftriebsmedium. Die Bundesstelle für Flugunfalluntersuchung führt in ihren Statistiken auch Unfälle mit Ballons. Demnach ereignete sich der letzte Unfall mit Todesopfern 1999. Ein Heißluftballon berührte eine Hochspannungsleitung. Dabei geriet der Ballonkorb in Brand, wobei 4 Personen (der Pilot und 3 Fluggäste) tödlich verletzt wurden. Man kann das Risiko Ballonsport nun abschätzen, indem man die Zahl der Todesopfer ins Verhältnis zur Zahl der aktiven Ballöner setzt. Der Deutsche Freiballon-Verband (DFSV) vertritt eigenen Angaben zufolge 2500 Mitglieder. Wenn sich nur alle 10 Jahre ein tödlicher Unfall ereignet, dann besteht pro Jahr (Saison) ein Risiko von ungefähr 1 zu 25000, mit dem Ballon tödlich zu verunglücken. Macht bei 25 aktiven Jahren ein Gesamtrisiko von 1 zu 1000. Ganz grob kann man also sagen, dass einer von 1000 aktiven Ballonfahrern im Laufe seiner Karriere mit dem Fluggerät tödlich verunglückt. Dieser Unglücksrabe verliert dann vielleicht 40 Lebensjahre, so dass man statistisch sagen kann, Ballonfahren kostet 40 Jahre geteilt durch 1000, also knapp 15 Tage Leben. Im Vergleich zu anderen Flugsportarten, aber auch zu anderen Risiken wie z. B. dem Autofahren, stellt Ballonfahren damit eine eher kleine Gefahr dar.

Dieses Risiko gilt wie gesagt für aktive Ballonfahrer, also solche, die in jeder Saison viele Starts durchführen. Fährt man nur ein einziges Mal mit, dann ist das Risiko verschwindend gering. Nehmen wir an, ein Ballonpilot hebt in jeder Saison 50 mal ab. Dann ist das Risiko für einen mitfahrenden Passagier pro Jahr 50 mal geringer, als für den Piloten. Ballonpassagiere gehen also pro Fahrt nur ein Risiko von 1 zu 1250000 ein, statistisch kostet das also nur 17 Minuten Leben.

Die obigen Zahlen beziehen sich auf alle Freiballonarten. Die Mehrzahl aller Ballöner verwendet heute Heißluftballons. Es gibt aber auch noch einige Unverzagte, die mit einem Gasballon fahren. Dabei wird nicht das ungefährliche, aber teure Helium als Auftriebsmittel verwendet, sondern Wasserstoff. Wasserstoff hat die kleinste Dichte aller Gase, so dass das Volumen im Vergleich zu Heißluftballons deutlich kleiner ist. Wasserstoff ist aber leicht entzündlich, das Unglück von de Rozier wurde ja gerade durch die Entzündung des Wasserstoffs verursacht. Der Unfall des Luftschiffs Hindenburg 1937 ist ebenfalls auf die leichtsinnige Verwendung von Wasserstoff zurückzuführen. So kam es denn auch 1997 zu einem schweren Unglück mit einem wasserstoffgefüllten Freiballon. Die Ballonhülle war vorschriftsmäßig von einem leitfähigen Drahtnetz umhüllt. Dieses schließt infolge von statischen Aufladungen entstehende Ströme kurz und verhindert damit Funkenbildung. Aber gerade dieses Drahtnetz wurden der Besatzung zum Verhängnis: Der Ballon fuhr in der Nähe eines starken Radiosenders. Die große elektromagnetische Feldstärke des Senders induzierte im Drahtnetz eine Wechselspannung hoher Amplitude, das eigentlich schützende Netz wirkte hier quasi als Antenne. Durch die starken Ströme wurde das Netz so stark erhitzt, dass es schmolz, was zur Katastrophe führte. Fazit: Heißluftballone sind die sichereren Ballonsportgeräte.

BLITZSCHLAG

In Deutschland werden jedes Jahr etwa 30 Personen vom Blitz getroffen, wovon ungefähr 10 getötet werden. Ganz grob kann man also feststellen, dass die Wahrscheinlichkeit, an einem tödlichen Blitzschlag zu versterben, pro Jahr bei 10 zu 80 Millionen liegt. Im Laufe eines ganzen Lebens von 80 Jahren trifft also einen von 100.000 Menschen der Blitz tödlich. Nimmt man an, dass der oder die Unglückliche dadurch 40 Lebensjahre verlieren, kann man sagen, dass im statistischen Mittel jeder Mensch etwa 40 Jahre geteilt durch 100000 (da es nur jeden Einhunderttausendsten trifft), also 3,5 Stunden durch dieses Risiko verliert. Oder anders ausgedrückt: Würde man konsequent jedes Gewitter vermeiden, könnte man im Schnitt 3,5 Stunden länger leben.

Dieses ist natürlich nur eine recht grobe Schätzung. Individuelle Lebenssituationen lassen dieses Risiko durchaus anders erscheinen. Wer auf dem Land lebt, geht naturgemäß ein höheres Risiko ein, vom Blitz getroffen zu werden, als ein Stadtbewohner, der von nahestehenden Gebäuden viel besser geschützt wird. Der Blitz schlägt fast immer in den höchsten Punkt ein, und dies sind in der Stadt meist Häuser und Türme. Dennoch gibt es Ausnahmen von dieser Regel. Besonders tragisch war vor einigen Jahren der Fall eines jungen Mannes, der sich während eines Gewitters nur kurz vom schützenden Haus in sein Auto begeben wollte. Auf dem Weg dorthin und obwohl er sich nur wenige Meter vom deutlich höheren Haus entfernte, traf ihn der Blitz tödlich.

Idealen Schutz vor einem Blitzschlag findet man in allen von elektrisch leitenden Materialien umgebenden Hohlräumen, sog. Faradayschen Käfigen. Bestes Beispiel hierfür sind Autos. Wenn der Blitz in das Dach einschlägt, wird der Strom sicher über die leitende Karosserie in den Boden geleitet. Allerdings kann die Elektronik des Autos durch den Einschlag Schaden nehmen. Entgegen einer landläufigen Meinung schützen auch die meisten

Cabriodächer wirkungsvoll vor den Folgen eines Blitzschlages – natürlich nur wenn sie geschlossen sind. Aber wer fährt bei Gewitter schon mit offenem Dach. Dies gilt für metallische Cabriodächer und solche aus Kohlefaserverbundmaterial, welches auch eine ausreichende elektrische Leitfähigkeit aufweist.

Wie schützt man sich am besten vor einem Blitzschlag, wenn plötzlich ein Gewitter aufzieht? Sofern kein schützendes Gebäude oder Auto erreichbar ist, sollte man sich möglichst in einer Mulde hinhocken, um die Umgebung möglichst wenig oder gar nicht zu überragen. Dabei sollte man die Füße eng zusammenzuhalten, da ein eventuell in der Nähe einschlagender Blitz im Boden zwischen zwei auseinanderstehenden Füßen noch eine tödlich hohe Spannung erzeugen kann. Dieses Risiko kann man dadurch senken, indem man zum Boden nur eine Kontaktfläche hat. Die unmittelbare Nähe eines einzelnen Baumes sollte man auch meiden, da ein in den Baum einschlagender Blitz auch in der Umgebung noch hohe Spannungen erzeugt, die dann unter Umständen noch tödliche Ströme im Körper eines sich dort befindlichen Menschen erzeugen können. Dagegen ist man in einem Wald mit gleichmäßig hohem Baumbestand relativ sicher, da die Wahrscheinlichkeit, gerade in der Nähe des Baumes zu stehen, in den der Blitz einschlägt, gering ist. Allerdings sollte man auch hier einige Meter Abstand zum nächsten Baum einhalten.

Bei Gewitter besonders gefährdet sind natürlich Radfahrer und Motorradfahrer, denen die schützende Umgebung einer Blechkarosse fehlt. Zweiradfahrern kann man nur raten, bei einem aufziehenden Gewitter schnellstens den Schutz von Gebäuden zu suchen.

Auch wenn die Gefahr vom Blitz getroffen zu werden nur relativ gering ist, sollte man sich der Gefahr stets bewusst sein. So wissen viele Landwirte aus eigener Erfahrung von Kühen zu berichten, die sie infolge eines Blitzeinschlages tot auf der Weide vorgefunden haben. Ohne Schutzmaßnahmen ist die Gefahr, bei Gewitter im Freien den Blitztod zu sterben, also gar nicht so gering.

BUNGEE-SPRINGEN

Das Bungee-Springen geht auf ein im südpazifischen und südamerikanischen Raum gepflegtes Ritual zurück. Dort schwingen sich Männer schon seit Jahrhunderten an Lianen von hohen Bäumen herab. Die Lianen wurden durch Latexseile ersetzt, und eine neue Sportart war geboren.

Nach dem Absprung ist der Springer zunächst für eine kurze Zeit im freien Fall, d. h. schwerelos. Durch den Luftwiderstand geht die Abwärtsbewegung nach und nach in eine gleichförmige Bewegung über. Sofern die Sprunghöhe hoch genug ist, erreicht der Springer eine konstante Fallgeschwindigkeit. Dann wird der Sprung in relativ kurzer Zeit durch das dehnbare Seil gebremst. Während dieser ersten Bremsphase wirken auf die Körperlängsachse Beschleunigungen, die je nach Seil und Absprunghöhe das drei- oder vierfache der Erdbeschleunigung erreichen können. Zusätzlich wirken auch noch Querbeschleunigungen. Die Beschleunigungen können zu Organschäden führen, insbesondere zu Augenblutungen und Wirbelsäulenverletzungen. Es bleiben jedoch selten dauerhafte Folgeschäden zurück.

Die Hauptgefahren beim Bungee-Springen sind Seilrisse aufgrund von Materialermüdung und Seilverwechslungen. Bei einem tragischen Unglücksfall in der Schweiz wurde dem Springer beim Sprung aus einer Seilbahnkabine versehentlich ein für diese Absprunghöhe zu langes Seil umgebunden. Der Springer schlug ungebremst auf und bezahlte diese Verwechslung mit dem Leben.

Allerdings passieren tödliche Unfälle relativ selten. Auf 2 Millionen Bungee-Absprünge kommen nach Berichten einer Versicherungsgesellschaft nur 5 Tote (nach Vanderford, zitiert auf sportaerztebund.de). Bei jedem Sprung geht man daher ein Risiko von 1 zu 400.000 ein, tödlich zu verunglücken. Bei durchschnittlich 50 verlorenen Lebensjahren pro Todesopfer beträgt die statistische Lebenszeitverkürzung durch einen Bungee-Sprung 50 Jahre geteilt durch 400.000, also etwa eine Stunde. Ein einziger Absprung stellt daher ein durchaus vertretbares Risiko dar.

BUSFAHREN

Schwere Unfälle mit brennenden oder umgestürzten Reisebussen finden in der Presse meist ein großes Echo und erzeugen das Gefühl, die Sicherheit dieses Verkehrsmittels könne nicht allzu hoch sein. Doch dieses subjektive Gefühl täuscht: Auf eine Milliarde Personenkilometer kommen statistisch nur 0,12 Verkehrstote (Quelle: Dekra-Studie zur Bussicherheit). Man muss also mehr als 8 Milliarden Kilometer (mehr als 200000 mal um die Erde) fahren, um tödlich mit dem Bus zu verunglücken. Damit ist der Bus das sicherste Verkehrsmittel und übertrifft selbst die Eisenbahn (siehe Zugfahren).

Nun fahren manche Menschen gar nicht, einige sporadisch und einige täglich mit dem Bus. Ein pauschales Lebensrisiko Busfahren lässt sich daher nur schwer ausrechnen. Daher soll im Folgenden das Risiko für eine Busreise von 500 Kilometern Länge abgeschätzt werden. Auf 500 Kilometer kommen also 0,12 mal 500 geteilt durch 1 Milliarde Tote. Oder: von 16,6 Millionen Buspassagieren verunglückt einer tödlich auf dieser Reise. Er oder sie verliert dann vielleicht 40 Lebensjahre. Umgerechnet auf alle Busreisenden bedeutet dies, dass man durch eine Busreise von 500 Kilometern Länge etwa 1 Minute und 15 Sekunden (40 Jahre geteilt durch 16,6 Millionen) Lebenszeit verliert. Wenn man 30 Jahre lang jedes Jahr eine solche Reise antritt, beträgt die verlorene Lebenszeit statistisch 38 Minuten.

CASTOR-TRANSPORT

Hochradioaktive Abfälle werden in sogenannten Castor-Behältern (cask for storage and transport of radioactive material) transportiert. Derartige Transporte von der französischen Wiederaufarbeitungsanlage La Hague in das Zwischenlager Gorleben finden regelmäßig statt und werden von Protesten und Blockaden von Kernenergiegegnern begleitet. Die Proteste richten sich zum einen gegen die Nutzung der Kernenergie an sich, zum anderen gegen die angebliche Gesundheitsgefahr durch die von den Castoren ausgehende Strahlung. Dieses Risiko soll im Folgenden abgeschätzt werden. Die maximale Strahlendosis in der unmittelbaren Umgebung des Castors wird mit 0,24 Millisievert pro Stunde angegeben (Quelle: Bundesumweltministerium, die Einheit Sievert ist eine Maßeinheit für die Wirkung von Strahlung auf menschliches Gewebe). Durch das Einsatzprofil wird sichergestellt, dass sich die aus Polizisten und dem Transportpersonal bestehende Begleitmannschaft höchstens 4 Stunden in unmittelbarer Umgebung des Behälters aufhält. Weiterhin dürfen diese Personen nur einen Transport pro Jahr begleiten. Die höchste Jahresdosis für diesen Personenkreis beträgt daher 1 Millisievert. Wie im Artikel „Radioaktivität und Strahlung" erläutert, liegt dies am unteren Rand der Schwankungsbreite der natürlichen Radioaktivität in Deutschland. Bei einer Strahlenbelastung von 1 Millisievert jährlich verkürzt sich das Leben insgesamt (bei 80 Jahren Lebenserwartung) um 6 Tage. Die Begleitung eines Castors-Transports entspricht also einer zusätzlichen Belastung von einem Achtzigstel der natürlichen Strahlenbelastung im gesamten Leben. Rein statistisch verkürzt sich dadurch das Leben eines den Transport direkt begleitenden Polizisten oder Spediteurs um knapp 2 Stunden. Dieser Wert ist im Vergleich zu anderen Gefahren des täglichen Lebens gering. Durch das Rauchen von nur einer Schachtel Zigaretten setzt man sich demselben Risiko aus! Die Strahlenbelastung für alle nicht unmittelbar im Bereich des Castors mitfahrenden Personen (Zuschauer, Anwohner) ist aufgrund des größeren Abstands und der nur temporären Exposition praktisch null.

DROGEN, ILLEGALE

Wenn man von Drogenmissbrauch spricht, meint man meistens den Konsum von illegalen Drogen. Hierzu zählen einerseits die sogenannten „weichen" Drogen wie Cannabis, Haschisch und Marihuana. Cannabis ist dabei ein Oberbegriff für verschiedene Hanfsorten, deren Blüten und Blätter entweder als Marihuana so konsumiert werden oder nach Weiterverarbeitung zu Haschisch geraucht (gekifft) werden. Schätzungen gehen davon aus, dass in Deutschland ungefähr 600000 Erwachsene regelmäßig kiffen. In Deutschland sind die Erzeugung, der Besitz und der Handel mit Cannabis-Produkten illegal, der Konsum jedoch nicht.

Der regelmäßige Cannabis-Konsum kann psychisch abhängig machen, eine physische Abhängigkeit tritt aber im Allgemeinen nicht auf, daher auch die Einstufung als weiche Droge. Somit kann der Cannabiskonsum allein nicht als tödliches Risiko benannt werden. Regelmäßiges Haschischrauchen ist deutlich ungefährlicher wie der Konsum der legalen Drogen Alkohol und Tabak. Allerdings wird Cannabis als Einstiegsdroge betrachtet, da der Handel illegal ist und die Konsumenten bei der Beschaffung dieser Droge zwangsläufig auch mit den harten Drogen in Berührung kommen. Es gibt daher nicht wenige Drogenexperten, die die Entkriminalisierung von Cannabis Produkten und den Handel – unter staatlicher Kontrolle – fordern, um die Haschraucher von der harten Drogenszene zu trennen.

Heroin und Kokain sind die bekanntesten harten Drogen. „Hart" deshalb, weil der Konsum schon nach kurzer Zeit zur psychischen und physischen Abhängigkeit führt. Diese illegalen Drogen (insbesondere Heroin) sind in Deutschland für jährlich 1300 bis 1500 Todesfälle verantwortlich. Der Tod tritt dabei durch unbeabsichtigte oder beabsichtigte Überdosierung ein (der sog. Goldene Schuss), als Folge des langjährlichen Missbrauchs (drogentoxische Schädigungen von Organen, Tod durch verminderte Körperabwehrfunktionen, Tod durch Krankheiten wie HIV, Hepatitis C), durch Selbstmord aus Verzweiflung über die Lebensumstände oder auch durch tödliche Unfälle infolge des Rauschzustands ein.

In Deutschland leben ungefähr 150.000 Drogenabhängige, d. h. Menschen, die regelmäßig harte Droge konsumieren. Da jedes Jahr 1500 Drogenabhängige an ihrer Sucht sterben, beträgt das jährliche individuelle Todesrisiko etwa 1 zu 100. Bei durchschnittlich 50 verlorenen Lebensjahren resultiert hieraus eine Lebensverkürzung von 6 Monaten (50 Jahre geteilt durch 100). Jedes Jahr Drogenkonsum kostet statistisch also 6 Lebensmonate! Bei 20 Jahren Abhängigkeit kumuliert sich die Lebenszeitverringerung auf 10 Jahre. Wer als Junkie den Drogenentzug nicht schafft, hat nur in den seltensten Fällen eine normale Lebenserwartung und stirbt meist schon vor dem fünfzigsten Lebensjahr.

ERTRINKEN

.

Jedes Jahr ertrinken in Deutschland etwa 500 Menschen, meistens im Sommer beim Baden in Freibädern, Seen, Flüssen oder an der Nord- und Ostseeküste (Quelle: DLRG). Davon ist jedes achte Todesopfer ein Kind.

Die häufigsten Ursachen für tödliche Badeunfälle sind Leichtsinn (z. B. Schwimmen im angetrunkenem Zustand), Überschätzung der eigenen Fähigkeiten, vernachlässigte Aufsichtspflicht bei Kindern, fehlendes oder überfordertes Aufsichtspersonal in oft überfüllten Freibädern und Ignoranz gegenüber Verboten. Beispielsweise missachten einige Urlauber an der Nordseeküste (meist Binnenländer) die Hinweistafeln, auf denen täglich die zum Wattlaufen geeigneten Zeiten mitgeteilt werden, und wundern sich dann, woher das Wasser so plötzlich kommt...

Die in den letzten Jahren wieder ansteigende Zahl der Kinder unter den Opfern hat ihre Ursache in der dramatisch zurückgehenden Zahl der Kinder, die Schwimmen können. Nur noch jedes 5. Kind lernt heute noch Schwimmen. Dies wiederum liegt an der gleichgültigen Einstellung mancher Eltern und auch am zunehmend vernachlässigten Schwimmunterricht in den Schulen. Hingegen ist die Zahl der Todesopfer, die im Winter beim Einbrechen ins nicht tragfähige Eis versterben, infolge der milderen Winter der letzten Jahre rückläufig.

Bezieht man die 500 Todesopfer auf die gesamte Bevölkerung von 80 Millionen, ergibt sich daraus für jeden Bundesbürger ein jährliches Risiko von 1 zu 160.000. In 80 Lebensjahren beträgt das Todesrisiko Ertrinken dann immerhin 1 zu 2000. Geht man für jedes Ertrinkungsopfer von 40 verlorenen Lebensjahren aus, dann errechnet sich daraus eine durchschnittliche Lebensverkürzung von etwa 7 Tagen. Bei konsequentem, lebenslangem Verzicht auf alle Bade- und Schwimmaktivitäten würde man statistisch also 7 Tage länger leben.

FALLSCHIRMSPRINGEN

Fallschirmspringen gilt allgemein als gefährlicher Sport. Menschen stürzen sich freiwillig aus 1000 bis 4500 Metern Höhe aus einem Flugzeug. Nach einer Weile freiem Fall öffnen sie den Hauptfallschirm, mit dem der Springer dann langsam und sicher zur Erde schwebt. Bei Versagen des Hauptfallschirms gibt es noch den Reserveschirm als letzte Rettung. Dazu muss sich der Springer aber zunächst vom Hauptschirm trennen, damit sich beide Systeme nicht verheddern (mir fällt dazu immer Mike Krüger ein: ...Sie müssen nur den Nippel durch die Lasche ziehn...ich wollt' es gerade tun, da schlug ich auf). Mit dem Reserveschirm schwebt der Springer dann zwar etwas schneller als mit dem Hauptschirm, aber immer noch relativ sicher zur Erde.

Die beim Fallschirmspringen gebräuchliche Bezeichnung „freier Fall" für die erste Zeit ohne geöffneten Schirm ist übrigens physikalisch gar nicht richtig: Lediglich in den ersten ein bis zwei Sekunden beschleunigt der Springer durch die Erdanziehung wirklich „frei", d. h. seine Geschwindigkeit nimmt stetig zu und der Springer fühlt sich schwerelos. Die bei höheren Geschwindigkeiten verstärkt einsetzende Luftreibung hemmt die Geschwindigkeitszunahme immer mehr, bis eine stabile Endgeschwindigkeit erreicht wird. Diese liegt je nach Springerhaltung zwischen 180 km/h und 250 km/h.

Es gibt immer wieder Berichte von Fallschirmspringern, die angeblich einen Sprung mit ungeöffnetem Schirm überlebt haben. Diese Berichte müssen aber zurückgewiesen werden. Ohne bremsende Wirkung eines zumindest teilweise geöffneten Schirms kann man einen Aufprall mit 200 km/h nicht überleben, auch nicht auf einen sehr weichen Untergrund. Bei diesen überlebten Abstürzen hat sich der Schirm tatsächlich noch teilweise geöffnet – Springer sprechen von einer Fehlöffnung -, so dass die Resttragfähigkeit die Fallgeschwindigkeit noch etwas bremsen konnte.

Nun zur Statistik: Im Jahre 2005 gab es in Deutschland 5 tödliche Fallschirmunfälle bei insgesamt 260880 Absprüngen (Quelle: ntv). Somit besteht bei jedem Sprung ein tödliches Risiko von 1 zu 52000. Ein einziger Sprung verkürzt das Leben statistisch um 40 verlorene Lebensjahre geteilt durch 52000, also um etwa 7 Stunden. Dieses Risiko kann man also für die Zeitgenossen ansetzten, die ein einziges Mal im Leben einen Tandemabsprung wagen (dabei springt man quasi Huckepack zusammen mit einem erfahrenen Springer ab, der den gemeinsamen Fallschirm auslöst). Anders sieht es aus, wenn man Fallschirmspringen als Hobby oder Sport betreibt. Geht man von 50 Absprüngen pro Jahr aus (25 Wochenenden mit jeweils 2 Absprüngen), dann beträgt das tödliche Unfallrisiko pro Jahr schon 1 zu 1040. Bei 30 Jahren Fallschirmspringen beträgt das Risiko dann 1 zu 35. Oder: Von 35 Springern, die ihr Hobby 50 mal im Jahr und 30 Jahre lang betreiben, erwischt es einen tödlich. Geht man von 35 verlorenen Lebensjahren aus, dann verliert man statistisch durch das Fallschirmspringen ein ganzes Jahr!

Diese Risikoabschätzungen gelten nur für typische Hobbyfallschirmspringer, nicht für Fallschirmjäger (diese springen aus sehr viel niedrigeren Höhen ab) und auch nicht für die Basejumper, die von Brücken oder Hochhäusern springen.

FEINSTAUB

Als Feinstaub bezeichnet man kleine, in der Luft schwebende Partikel, die beim Einatmen nicht von den Schleimhäuten und Härchen im Nasen- bzw. Rachenbereich zurückgehalten werden und somit in die Lunge gelangen können. Die kritische Partikelgröße, unterhalb der ein Einatmen in die Lunge möglich ist, liegt im Bereich von einigen Mikrometern (Tausendstel Millimeter) Durchmesser.

Feinstaub hat sowohl natürliche, als auch anthropogene (durch den Menschen verursachte) Quellen. Natürliche Feinstaubquellen sind z. B. Pollen vieler Pflanzen, durch Vulkanausbrüche oder Waldbrände in die Luft geschleuderte Ascheteilchen oder feiner Saharastaub. Hauptverursacher der anthropogenen Feinstäube sind die Industrie (ca. 60000 Tonnen pro Jahr), die Heizungsanlagen von Privathaushalten und Kleinverbrauchern (33000 Tonnen pro Jahr), die zunehmende Verbreitung von Kaminöfen, und natürlich Kraftfahrzeuge. Insbesondere der Ruß von Dieselmotoren trägt mit 30000 Tonnen jährlich zur Gesamtemission bei, aber auch der Abrieb von Reifen und Bremsen darf nicht unterschätzt werden. Schließlich verursacht auch das Rauchen in geschlossenen Räumen Feinstaub, die Gefahren des Rauchens werden aber an anderer Stelle behandelt. Die Feinstaubbelastung ist regional unterschiedlich. Besonders hohe Belastungen treten in Teilen Nordrhein-Westfalens, Belgiens und der Niederlande sowie in osteuropäischen Ländern auf.

Feinstäube führen nach einer 2005 veröffentlichten EU Studie allein in Deutschland zu 65000 Todesfällen durch Herz- und Kreislauferkrankungen sowie durch Erkrankungen der Atmungsorgane. Nach dieser Studie reduziert sich die Lebenserwartung allein durch die Feinstaubbelastung im Durchschnitt um 9 Monate. Die Luftverschmutzung durch Feinstaub stellt damit ein ähnlich hohes Gefahrenpotential dar wie beispielsweise das Motorradfahren. Zur Reduzierung der Belastung wurde europaweit ein Grenzwert von 50 Mikrogramm Staub pro Kubikmeter Luft eingeführt, der nur an 35 Tagen im Jahr überschritten werden darf. Um diesen Grenzwert einzuhalten, mussten einige deutsche Städte Fahrverbote für die Innenstädte für bestimmte Fahrzeugklassen (Rußschleudern) erlassen. Ob dies zu einer merklichen Reduzierung der Belastung führt, wird unter Experten allerdings kontrovers diskutiert.

FEUER

In Deutschland sterben jedes Jahr etwa 500 bis 600 Menschen durch Brände (Quelle: World Fire Statistics Centre WFSC). Hierin sind sowohl die durch Wohnungs- und Hausbrände, als auch durch größere Brandkatastrophen getöteten Menschen erfasst. Die wohl schlimmste Brandkatastrophe der letzten 50 Jahre fand 1967 in Langenweddingen statt. Das durch den Zusammenstoß eines Tanklastwagens mit einem Zug ausgelöste Feuer tötete mehr als 90 Menschen, darunter 44 Kinder. Eine weitere katastrophale Feuersbrunst wurde 1988 auf der amerikanischen Luftwaffenbasis in Ramstein durch den Zusammenstoß zweier Flugzeuge ausgelöst. 70 Menschen fanden dabei den Tod.

Die Hauptursachen von Bränden sind technische Defekte (hauptsächlich durch elektrische Anlagen oder offene Feuer), Brandstiftung oder durch natürliche Zündquellen (z. B. Blitzschlag) ausgelöste Feuer. Die Hauptgefahr bei einem Brand ist neben den hohen Temperaturen von bis zu 1000 Grad Celsius vor allem die starke Rauchentwicklung. Viele Brandopfer sterben nicht durch das Feuer, sondern an Rauchvergiftung, oftmals im Schlaf, ohne das Feuer überhaupt bemerkt zu haben. Die Installation von Rauchmeldern stellt daher gerade in privaten Räumen einen sinnvollen Schutz dar.

Rechnet man die 500 Brandopfer auf die Gesamtbevölkerung um, dann beträgt das jährliche Risiko durch einen Brand zu sterben etwa 1 zu 160.000. Während der Lebensspanne von 80 Jahren stirbt jeder Zweitausendste Bürger durch einen Brand. Geht man für jedes Brandopfer von 40 verlorenen Lebensjahren aus, dann errechnet sich eine durchschnittliche Lebensverkürzung von 40 Jahren geteilt durch 2000, also von etwa 7 Tagen. Die konsequente Vermeidung von Bränden (falls dies überhaupt möglich ist) würde das Leben also um eine Woche verlängern.

FLIEGEN, PASSAGIERE UND BERUFSPILOTEN

„Fliegen bedeutet große Langeweile, unterbrochen von kurzen Augenblicken großer Angst", so philosophierte einmal ein Pilot. Viele Passagiere sehen es genau andersherum: Ein Flug in einem Passagierjet ist für sie mit großer Angst verbunden. Die sehr seltenen Momente, in denen sich ein Luftfahrzeug tatsächlich in großer Gefahr befindet, bekommen sie dabei oft gar nicht mit. Wie gefährlich ist Fliegen wirklich?

Die großen Fluggesellschaften werben damit, dass heutige Passagierflugzeuge von allen Verkehrsmitteln die sichersten seien. Sie belegen diesen Mythos mit einer traumhaft niedrigen Unfallrate von nur 0,03 Toten pro 100 Millionen „Personenkilometer". Das bedeutet, dass man als Passagier mehr als 3 Milliarden (!) Kilometer fliegen müsste, bis einen ein tödlicher Unfall ereilt. Dieser Wert ist weit besser, als bei allen anderen Verkehrsmitteln. Die Angabe in Toten pro geflogenen Kilometern ist statistisch korrekt, hilft aber nicht, die wirkliche Gefahr richtig einzuschätzen. Schließlich legt man mit anderen Verkehrsmitteln ja gar nicht so lange Strecken zurück, wie mit dem Flugzeug. Außerdem passiert während eines Fluges relativ wenig, die unfallträchtigsten Phasen sind Start und Landung. Sinnvoller ist es, die Zahl der Toten im Verhältnis zur Anzahl von unfallfreien Flügen anzugeben, unabhängig von der zurückgelegten Flugstrecke. Demnach kommen in der internationalen Passagierluftfahrt pro 100 Millionen Flüge 55 Menschen ums Leben (Quelle: A. Weir). Das tödliche Risiko pro Flug beträgt dann etwa 1 zu 1,8 Millionen.

Nehmen wir an, der typische deutsche Urlauber fliegt einmal im Jahr zu seinem Urlaubsziel und zurück (zwei Flüge). Dann beträgt das Risiko pro Jahr 1 zu 900000. Nehmen wir weiter an, dieser Otto-Normalflieger jettet 30 mal im Leben in den Urlaub. Dann geht er insgesamt im Leben ein Risiko von 1 zu 30000 ein, mit dem Flugzeug tödlich zu verunglücken. Bei 40 verlorenen Lebensjahren gehen dann statistisch 40 Jahre geteilt durch

30000, also etwa 12 Stunden verloren. Das ist, verglichen mit anderen Gefahren, sicherlich ein sehr geringes Risiko.

Als nächstes schauen wir uns den Geschäftsreisenden näher an. Er oder sie fliegt vielleicht zwanzigmal im Jahr (10 mal hin- und zurück) und dies wiederum 30 Jahre lang. Dann verunglückt von 3000 Geschäftsreisenden einer im Leben tödlich mit dem Flugzeug. Entsprechend berechnet sich die verkürzte Lebensspanne statistisch zu ungefähr 5 Tagen. Der oder die Geschäftsreisende geht immer noch ein relativ geringes Risiko ein.

Schließlich werfen wir einen Blick auf die Berufspiloten. Nehmen wir an, ein Pilot fliegt vier Strecken am Tag. Dann kommt er oder sie bei 200 Arbeitstagen im Jahr auf 800 Flüge. Dann beträgt das Risiko, in einem Jahr tödlich zu verunglücken, immerhin schon 1 zu 2250. Bei 30 Jahren Berufsfliegerei summiert sich das tödliche Risiko dann auf 1 zu 75. Von 75 Berufspiloten oder –pilotinnen erreicht einer oder eine nicht das Rentenalter! Dies entspricht einer statistischen Lebensverkürzung von mehr als 6 Monaten. Der Fliegen als Berufspilot ist demnach doppelt so gefährlich wie Autofahren.

FLIEGEN, FREIZEIT- UND SPORTPILOTEN

„Das gefährlichste am Fliegen ist die Fahrt zum Flugplatz", so oder ähnlich argumentieren immer noch viele Freizeitflieger. Diese Aussage soll im Folgenden hinterfragt werden. Dabei werden die verschiedenen Flugsportarten einzeln betrachtet.

Beginnen wir mit den Segelfliegern. Ein Segelflugzeug hat keinen eigenen Antrieb und muss daher zunächst von einer Seilwinde auf eine Ausgangshöhe, meist 400 Meter, geschleppt werden. Dieser Windenstart birgt schon das erste Risiko: Ein Seilriss während des Starts ist äußerst kritisch, es hat hier schon viele schwere Unfälle gegeben. Nach dem Ausklinken gleitet das Flugzeug im Sinkflug wieder zur Erde. Moderne Segelflugzeuge haben eine Gleitzahl von etwa 30. Damit kann man dann 30 mal so weit fliegen (oder besser Gleiten) wie die Ausgangshöhe, bei 400 Metern also 12 Kilometer, bevor man das Flugzeug wieder den Boden erreicht. Ein Flug dauert dann nur wenige Minuten. Der Reiz des Segelfliegens besteht aber gerade darin, große Strecken zurückzulegen. Das erreicht man durch warme, aufsteigende Luftmassen, die sog. Thermik. Segelflieger, die auf Strecke gehen wollen, suchen also diese aufsteigenden Luftmassen, um aufzusteigen. Oft fliegen viele Segelflugzeuge auf engstem Raum in Gebieten mit starker Thermik. Dadurch besteht die Gefahr von Zusammenstößen in der Luft.

Nun aber zur Statistik. Es gibt ungefähr 30000 Segelflugzeugpiloten in Deutschland. In den letzten Jahren gab es ca. 10 Unfälle mit tödlich verletzten Segelfliegern pro Jahr. Das heißt, jeder dreitausendste Segelflieger stürzt tödlich ab. Wenn man diesen Sport 30 Jahre lang betreibt, dann steht die Chance also 1 zu 100, tödlich zu verunglücken. Die verlorene Lebenszeit wird wiederum mit 40 Jahren angesetzt. Dann verkürzen Segelflieger ihr Leben statistisch um fast 5 Monate. Segelfliegen ist also gefährlicher als Autofahren, aber nicht so risikoreich wie Motorradfahren. Der eingangs zitierte Satz dient wohl einigen Fliegern nur zur eigenen Beruhigung.

Es ist interessant, dass man das Risiko, als Segelflieger tödlich zu verunglücken, offensichtlich auch nicht durch sehr viel Erfahrung minimieren kann. Unter den tödlich Verunglückten Deutschen der letzten Jahre waren immerhin drei Segelflugweltmeister.

Neben den Segelfliegern stellen die Piloten von zumeist einmotorigen Sportflugzeugen eine zahlenmäßig ebenso starke Gruppe. Genaue Zahlen sind schwer ermittelbar, aber es dürfte ebenfalls ca. 30000 Hobbyflieger mit einer Privatpilotenlizenz geben. Diese berechtigt zum Fliegen von einmotorigen Flugzeugen mit einem Gewicht von maximal 2 Tonnen. In dieser Klasse gab es im Jahr 2007 9 Unfälle mit tödlich Verletzten, dabei kamen 16 Personen ums Leben (Quelle: Bundesstelle für Flugunfalluntersuchung). Es kamen also nicht nur die Piloten, sondern auch mitreisende Passagiere ums Leben. Das Risiko für einem Privatpiloten, mit seinem Flugzeug tödlich zu verunglücken, kann mit etwa 1 zu 3000 pro Jahr angesetzt werden. Motorfliegen ist also ungefähr so (un)gefährlich wie Segelfliegen.

Zuletzt soll das Gleitschirmfliegen näher beleuchtet werden. Gleitschirmpiloten werden von „richtigen" Piloten manchmal spöttisch als „Ungeziefer der Lüfte" bezeichnet. Andererseits gibt es wohl keine andere Flugsportart, die dem Piloten ein so freies Schweben im Luftmeer ermöglicht. Dieser Sport wird meist im Gebirge ausgeübt, da man als Gleitschirmflieger eigentlich nur nach unten gleitet, und nicht, wie beim thermischen Segelfliegen, Höhe gewinnen kann. Es gibt zwar eigenstartfähige motorisierte Gleitschirme, der Pilot trägt dabei den Motor mit Propeller auf dem Rücken (Carlson auf dem Dach...), diese sollen hier aber nicht betrachtet werden. Die Hauptursachen für tödliche Unfälle sind plötzliche auftretende Fallwinde, die den Gleiter gegen Felswände prallen lassen. Es gibt ca. 23000 Gleitschirmflieger in Deutschland; im Jahr 2005 starben 9 bei der Ausübung ihres Sports (Quelle: Süddeutsche Zeitung 17.08.2006). Es besteht somit ein Risiko von 1 zu 2500, in einem Jahr mit dem Gleitschirm tödlich zu verunglücken. Von 85 Gleitschirmfliegern, die diesen Sport 30 Jahre lang ausüben, stirbt einer mit seinem Fluggerät. Gleitschirmflieger verkürzen ihr Leben statistisch gesehen um 40 Jahre geteilt durch 85, also um ca. fünfeinhalb Monate.

Es fällt auf, dass alle Flugsportarten und auch die Tätigkeit als Berufspilot ein ähnlich hohes Risiko aufweisen, bei einem Flugunfall tödlich zu verunglücken. Das Risiko liegt etwa zwischen 1 zu 75 und 1 zu 100, wenn man 30 Jahre lang fliegt. Das Risiko Fliegen ordnet sich somit zwischen Autofahren und Motorradfahren ein.

FLIEGEN, MILITÄRPILOTEN (JET)

Das Risiko eines Jetpiloten, tödlich zu verunglücken, hängt stark von dem geflogenen Flugzeugmuster ab. Anfang der Sechzigerjahre wurde der Lockheed F104 Starfighter bei der deutschen Luftwaffe eingeführt. Die Piloten und Generäle waren zunächst sehr enthusiastisch. Der Starfighter stellte alle bis dahin geflogenen Flugzeugmuster in den Schatten: Er konnte mit doppelter Schallgeschwindigkeit fliegen und hatte eine enorme Steigrate. Diese beeindruckenden Flugleistungen wurden durch die einzigartige Konstruktion erreicht. Der Starfighter hatte einen langen, schmalen Rumpf und kurze, sehr dünne trapezförmige Flügel. Das Flugzeug wurde daher bewundernd auch als „missile with a man" (bemannte Rakete) bezeichnet.

Die Konzeption dieses Flugzeugs war für das deutsche Einsatzprofil jedoch nur bedingt geeignet. So musste die Reichweite mit großen Zusatztanks vergrößert werde, was die Manövrierfähigkeit herabsetzte. Außerdem sollte der als reiner Abfangjäger konstruierte Starfighter bei der Luftwaffe auch als Jagdbomber eingesetzt werde, die zusätzliche Bombenlast beeinträchtigte das Flugverhalten ebenfalls negativ. Zudem musste der für große Flughöhen ausgelegte Jet im Tiefflug operieren, um vom feindlichen Radar nicht erkannt zu werden.

All dies trug dazu bei, dass sich die Anfangseuphorie schnell legte und viele Abstürze zu beklagen waren. Das Image dieses Wundervogels wandelte sich, die Piloten übten sich in Galgenhumor und nannten ihren Jet in Anspielung auf die zweifellos elegante Form nun „The beautiful death" (der schöne Tod). In der Öffentlichkeit ging man weniger respektvoll mit diesem Flugzeugmuster um. „Fliegender Sarg" oder „Witwenmacher" waren gängige Bezeichnungen. Die Luftwaffe verlor 292 von 916 Starfightern. Dabei kamen 116 Piloten ums Leben. Insgesamt wurden 2000 Starfighterpiloten ausgebildet (Quelle: Internetportal der Luftwaffe). Somit fand jeder siebzehnte Pilot (5,8%) den Fliegertod. Bei 40 verlorenen Jahren verkürzte sich das Leben eines Starfighterpiloten also um immerhin um 2,3 Jahre.

Aus der Starfighterkrise wurden jedoch Lehren gezogen. Das Nachfolgemuster Tornado wurde von vornherein als robustes Multifunktionsflugzeug ausgelegt. Dennoch ist auch der Beruf als Pilot oder Waffensystemoffizier eines Tornados nicht ungefährlich. In der Zeit von 1991 bis 2001 sind 19 Maschinen abgestürzt (Quelle: Der Spiegel 48/2002). Dabei starben 13 Offiziere. Die Luftwaffe verfügt über ungefähr 800 Tornadobesatzungsmitglieder (Piloten und Waffensystemoffiziere). Im Laufe einer Fliegerkarriere von 20 Jahren verunglückt also jeder einunddreißigste Tornadooffizier tödlich. Dies kostet dann statistisch 1,3 Lebensjahre (40 Jahre geteilt durch 31). Tornadofliegen ist für die Besatzung immerhin noch halb so gefährlich wie das Fliegen des Vorgängermodells Starfighter.

GRIPPE (INFLUENZA)

Die Influenza-Grippe ist eine schwere Atemwegsinfektion. Regelmäßig wiederkehrend, meist in den Wintermonaten, lösen die Influenza-Viren lokale Grippewellen aus. Die Influenza ist hochansteckend, oftmals infiziert sich ein Großteil der Bevölkerung. In der Regel dauert eine Grippewelle 6 bis 8 Wochen und verschwindet danach wieder so plötzlich, wie sie gekommen ist.

Von der Grippe zu unterscheiden sind Erkältungskrankheiten, die zu durch Husten, Schnupfen, Heiserkeit und manchmal auch leichtem Fieber führen. Diese grippalen Effekte werden durch andere Viren übertragen und verlaufen auch deutlich harmloser. Dagegen können Influenza-Erreger schwere Erkrankungen mit oft gefährlichen Komplikationen auslösen. Influenza-Symptome sind Schmerzen in Beinen, Armen und Rücken, Kopfschmerzen und hohes Fieber. Hinzu kommen quälender Husten und Halsschmerzen.

In verschiedenen epidemischen Studien wurde festgestellt, dass es in Deutschland jährlich bis zu 16000 Tote durch die Influenza-Grippe gibt. Auf die gesamte Bevölkerung von 80 Millionen bezogen bedeutet dies, dass das Risiko, an der Influenza zu versterben, im Mittel jährlich etwa 1 zu 5000 beträgt. Bei 80 Lebensjahren kumuliert sich das Risiko dann immerhin auf 1 zu 62. Allerdings sterben an der Influenza vorwiegend ältere Menschen mit einem schon geschwächten Immunsystem. Nimmt man daher die verlorene Lebenszeit der Influenza-Opfer zu 5 Jahren an, dann beträgt die verkürzte Lebenserwartung statistisch 5 Jahre geteilt durch 62, also ungefähr einen Monat.

Es sollte an dieser Stelle erwähnt werden, dass man sich durch eine Impfung vor der Influenza-Infektion schützen kann. Diese Impfung ist besonders für ältere Menschen empfehlenswert. Sie muss aber regelmäßig vor Ausbruch der jährlichen Grippe-Saison wiederholt werden.

HUNDEBISS

Hundeattacken auf Menschen werden in den Medien meist sensationslüstern ausgeschlachtet, insbesondere wenn dabei Todesopfer zu beklagen sind. Meist sind es große Hunde, oftmals aber nicht ausschließlich die sogenannten Kamphunde, die von ihren Haltern grob fahrlässig ohne Leine und Maulkorb laufen gelassen werden oder sich aus ungenügend gesicherten Zwingern befreien und dann Passanten schwer verletzen oder gar töten. Besonders schlimm ist es dabei natürlich, wenn sich Kinder unter den Opfern befinden. Wichtigste Ursache für das Beißen ist das natürliche Aggressions- und Jagdverhalten des Hundes.

Ein Blick in die Statistik zeigt jedoch, dass in Deutschland entgegen der gefühlten Gefahr jährlich „nur" 1 bis 6 Sterbefälle durch Hundebisse zu beklagen sind, wobei der Mittelwert bei 4 Todesopfern liegt (Quelle: statistisches Bundesamt). Legt man diese Gefahr auf alle Bundesbürger um, dann beträgt das individuelle jährliche Risiko 1 zu 20 Millionen, und 1 zu 250.000 im ganzen Leben. Bei durchschnittlich 40 verlorenen Lebensjahren pro Todesopfer errechnet sich daraus als verlorene Lebenszeit für alle Bundesbürger knapp 90 Minuten. So bedauerlich jeder Einzelfall auch ist, das Risiko tödlicher Hundebiss hält sich durchaus in Grenzen. Das gleiche Risiko gehen beispielsweise Raucher durch den Konsum von nur 11 Zigaretten ein.

Übrigens bestätigen Statistiken der Berufsgenossenschaft, dass Brief- und Paketzusteller tatsächlich überproportional häufig von Hunden gebissen werden. Allerdings verlaufen diese Attacken in den seltensten Fällen tödlich.

JAGDUNFÄLLE

„Es prasselt das Schrot, so findet der Außenminister den Tod" sang schon Reinhard May spöttisch über die Jägerschaft. Meist sind es aber wehrlose Hasen, Rehe, Hirsche oder Wildschweine, die vor den mit hochwertigen Gewehren ausgerüsteten Jägern keine Chance haben. Manchmal allerdings werden versehentlich auch Menschen bei der Jagd getötet. Hier ein Auszug aus Zeitungsschlagzeilen:

„Drama bei der Jagd. Hirsch und Jäger getötet" (Kronen Zeitung 2004)

„Jäger aus Brandenburg erschießt sich aus Versehen selbst" (BILD 2004)

„Schwarzsee: Jäger erlegte sich versehentlich selbst" (SDA 2004)

„Donauwörth: Jäger während Nachsuche auf ein Wildschwein erschossen" (Memminger Zeitung 2004)

Der prominenteste Jäger, der versehentlich auf ein menschliches Ziel schoss, war wohl der ehemalige amerikanische Vizepräsident Dick Cheney. Er verletzte seinem Freund Harry Whittington durch mehrere Schrotkugeln in Wange, Hals und Brustkorb schwer (wobei dieser kleine Fauxpas im Vergleich zu seiner Mittäterschaft am Irakkrieg sicherlich eher als Lappalie zu werten ist).

In Deutschland gibt es etwa 350.000 Jagdscheinbesitzer. Im Jahr 2004 kamen über 40 Menschen durch Schüsse von Jägern ums Leben (Quelle: Initiative zur Abschaffung der Jagd). Die Opfer sind dabei die an der Jagd beteiligten Jäger selbst, Treiber oder unbeteiligte Wanderer und Pilzsammler. Nehmen wir an, dass jedes zweite Jagdopfer ein Jäger selbst ist, d. h. 20 Jäger schießen sich jedes Jahr gegenseitig oder selbst in die ewigen Jagdgründe. Dann beträgt das jährliche Risiko, durch Ausüben des Hobbys Jagen zu versterben, ungefähr 1 zu 17500. Nach 40 Jahren kumuliert sich das Risiko auf 1 zu 438. Von 438 Jägern wird jährlich durchschnittlich einer von seinen Jagdkumpanen getötet. Bei 40 verlorenen Jahren verliert ein Jäger statistisch einen Lebensmonat durch seine Leidenschaft.

KERNENERGIE

Das Risiko der Kernenergie besteht in der Freisetzung radioaktiver Stoffe in die Umgebung. Unter Wissenschaftlern besteht weitgehend Konsens darüber, dass die zusätzliche Strahlenbelastung durch die sehr geringe Emission radioaktiver Stoffe beim Betrieb eines Atomkraftwerks (AKW's) im Normalbetrieb keine Auswirkungen hat, da ihr Anteil im Vergleich zur natürlichen Radioaktivität vernachlässigbar klein ist. Daher kann man sich bei der Risikoabschätzung auf das Eintreten von kleineren oder größeren Störfällen konzentrieren, bei denen radioaktive Substanzen ungewollt freigesetzt werden.

In deutschen Kernkraftwerken ist es bisher noch zu keinem Unfall mit einer gravierenden Freisetzung radioaktiver Strahlung gekommen. Somit kann die Wahrscheinlichkeit eines schweren Reaktorunfalls in Deutschland nicht aus Fallzahlen, d. h. aus Unfällen, die bereits stattgefunden haben, hergeleitet werden. Die Reaktorkatastrophen von Tschernobyl und Fukushima können auch nicht herangezogen werden, da solche Unfälle hier entweder bauartbedingt oder aus geologischen Gründen (kein Erdbebenrisiko) ausgeschlossen werden können.

Das Risiko der Kernenergienutzung wird daher in aufwändigen Studien aus theoretisch möglichen Unfallszenarien berechnet. Nach einer solchen Studie (Hirschberg 1998) ist durch die Nutzung der Kernenergie in Deutschland im Langzeitdurchschnitt mit 1,3 Todesfällen pro Jahr zu rechnen. In dieser Studie wurden sowohl kleinere Störfälle, bei der geringe Mengen radioaktiver Stoffe freigesetzt werden, als auch das zwar unwahrscheinliche, aber folgenreiche Eintreten eines GAU's (größter anzunehmender Unfall) berücksichtigt. Bei einem GAU wird angenommen, dass die Reaktorhülle so stark beschädigt ist, dass die radioaktiven Brennstäbe direkten Kontakt zur Umwelt haben. Als Folge eines Reaktorunfalls sind neben den unmittelbaren Toten auch Todesopfern infolge von Langzeitschäden (Leukämie, sons-

tige Krebsarten) zu erwarten. Beides ist in die Berechnung eingeflossen.
Die Zahl von 1,3 Toten pro Jahr stellt eine obere Grenze für das Restrisiko
dar; solche Studien sind konservativ angelegt, d. h. das tatsächliche Risiko
dürfte noch weit darunter liegen. Bei 80 Millionen Bundesbürgern resultiert
daraus ein individuelles tödliches Risiko von 1 zu 61 Millionen. Oder: von
61 Millionen Menschen stirbt statistisch jährlich einer als Folge der Nutzung der Kernenergie. Im ganzen Leben (80 Jahre) beträgt das Risiko dann
1 zu 770.000. Nimmt man für jeden Toten eine Lebenszeitverkürzung von
40 Jahren an, dann ergibt sich statistisch eine Lebensverkürzung von 27
Minuten. Bei Abschaltung aller Atomkraftwerke würden wir alle 27 Minuten länger leben. Im Vergleich zu anderen Risiken, die wir freiwillig einge-
hen, stellt die Nutzung der Kernenergie doch ein eher geringes Gefahren-
potenzial dar. Hier herrscht offensichtlich eine erhebliche Diskrepanz zwischen der öffentlichen Wahrnehmung der Gefahren durch die Kernenergienutzung und dem tatsächlichen Risiko. Außerdem sind auch andere
Energieträger nicht risikolos, so dass keineswegs gewährleistet ist, dass wir
ohne Kernenergie sicherer leben würden.

KRIEG

In vergangenen Jahrhunderten war der Tod als Folge von Kriegseinwirkungen eine feste Größe. Kriege fanden zwar in unregelmäßigen Abständen, aber doch immer wieder statt. Soldaten starben auf den Schlachtfeldern, Zivilisten wurden umgebracht oder starben an indirekten Kriegsfolgen wie Unterernährung.

Im 20. Jahrhundert hat sich diese Situation in Mitteleuropa grundlegend geändert. Es gab nur noch zwei große Kriege, deren Opferzahlen allerdings alle vorangegangenen Kriege um Größenordnungen übertrafen. Dies ist vor allem auf die industrialisierte Kriegsführung zurückzuführen. Im ersten Weltkrieg wurden beispielsweise erstmals Maschinengewehre und Panzer eingesetzt, im zweiten Weltkrieg kam der von Deutschen begangene millionenfache Mord an Zivilisten hinzu.

Seit dem Ende des zweiten Weltkriegs gab es in Deutschland keinen Krieg mehr. Es ist daher schwer, das Risiko Krieg zu berechnen, da man natürlich nicht weiß, ob diese positive Entwicklung anhält. Andererseits dürfte ein zukünftiger Krieg, der wohl mit Massenvernichtungswaffen geführt werden würde, die Opferzahlen der beiden Weltkriege noch weit in den Schatten stellen. Dennoch soll im Folgenden auf Basis der Opferzahlen der beiden Weltkriege eine ungefähre Abschätzung des individuellen Kriegsrisikos versucht werden.

Im ersten Weltkrieg starben insgesamt 10 Millionen Menschen, davon 3 Millionen Deutsche (2 Millionen Soldaten und 1 Million Zivilisten). Legt man diese Opferzahlen auf die damalige deutsche Bevölkerungszahl von etwa 64 Millionen um, dann starben durch den ersten Weltkrieg mindestens 5 Prozent der deutschen Bevölkerung. Im von Deutschland entfesselten zweiten Weltkrieg starben insgesamt 50 bis 55 Millionen Menschen, darunter sind 6 Millionen Deutsche (jeweils etwa 3 Millionen Soldaten und Zivilisten, dies entspricht 9 % der Bevölkerung). In beiden Kriegen zusammen starben 9 Millionen Deutsche. Im 20. Jahrhundert (1900 bis 1999) wurden in der Bundesrepublik Deutschland bzw. seinen Vorläuferstaaten insgesamt 117 Millionen Kinder geboren. Bezieht man die Anzahl der in diesem Zeitraum durch Kriegseinwirkung Verstorbenen auf diese Geburtenzahl, dann ergibt sich daraus ein Todesrisiko von ungefähr 1 zu 13. Jeder dreizehnte im 20. Jahrhundert geborene Deutsche starb in einem der beiden Weltkriege. Bei einer angenommenen Lebensverkürzung von 40 Jahren pro Todesopfer reduziert sich die Lebenserwartung statistisch für alle im genannten Zeitraum geborenen Deutschen um 3 Jahre! Hätte es keine Weltkriege gegeben, dann hätten die Menschen im Durchschnitt immerhin 3 Jahre länger gelebt. Natürlich hoffen wir alle, dass es niemals mehr zu einem Krieg auf deutschem Boden kommen wird, aber niemand kann dies wirklich vorhersagen. Das Risiko Krieg bleibt damit unvorhersagbar, aber die Zahlen aus dem 20. Jahrhundert regen doch zum Nachdenken an.

LEBENSMITTELVERGIFTUNG

Die Gesundheitsämter in Deutschland registrieren jährlich über 200.000 Lebensmittelinfektionen. Die tatsächliche Zahl dürfte noch weit höher liegen, da gerade im privaten Bereich nicht alle Fälle gemeldet werden. Die meisten Lebensmittelvergiftungen werden durch Salmonellen hervorgerufen. Diese Bakterien vermehren sich besonders gut in rohem Fleisch (Hack), Geflügel, Eiern oder majonäsehaltigen Salaten. Unsauberkeit im Lebensmittelbereich gepaart mit zu warmer Lagerung ist oft die Ursache von Salmonelleninfektionen. Aufgrund der hohen Temperaturen treten diese Infektionen besonders im Sommer auf. Neben der direkten Ansteckung durch den Verzehr verdorbener Speisen kann man sich auch durch den Kontakt mit Ausscheidungen von infizierten Menschen oder Tieren anstecken. Das Pflegepersonal in Krankenhäusern oder Altenheimen ist daher besonders gefährdet.

Typische Symptome einer Lebensmittelvergiftung sind Durchfall, Übelkeit und Erbrechen. Meist dauern die Beschwerden einige Stunden bis einige Tage und klingen dann von selbst ab. In seltenen Fällen kann eine Lebensmittelvergiftung aber insbesondere bei Säuglingen, Kranken oder alten Menschen auch zu lebensgefährlichen Situationen führen oder sogar tödlich verlaufen. Eine amerikanische Studie gibt die jährliche Wahrscheinlichkeit an einer Lebensmittelvergiftung zu sterben, mit 3,6 zu 100.000 (entsprechend 1 zu 27777) an (Quelle: Europäisches Informationszentrum für Lebensmittel EUFIC). In 80 Lebensjahren beträgt das Risiko dann 1 zu 347. Bei. Bei 40 Jahren entgangener Lebenszeit errechnet sich daraus eine durchschnittliche Lebenszeitverkürzung von 41 Tagen für alle Menschen. Durch konsequentes Meiden aller verdorbenen Speisen (sofern das möglich ist) könnten wir also knapp 1,5 Monate länger leben. Dabei sollte jedoch beachtet werden, dass die Lebenserwartung durch den übermäßigen Verzehr von zwar einwandfreien, aber zu fetten Lebensmitteln wesentlich drastischer verkürzt wird (siehe Ungesunde Ernährung).

METEORITENEINSCHLAG

Meteoriten sind zumeist kleine Himmelskörper, die die Lufthülle durchdringen und auf der Erde einschlagen. Die Erde wird ständig von Meteoriten getroffen. Seriöse Schätzungen gehen von jährlich 19000 Einschlägen aus. Die allermeisten Brocken, die den Weg bis zur Erdoberfläche schaffen, haben allerdings lediglich Staubkorngröße und werden oft gar nicht bemerkt, da sie keinen Schaden anrichten und keinen sichtbaren Krater hinterlassen. Außerdem schlagen die wenigsten dieser kosmischen Staubkörner in bewohnten Gebieten ein. Auch werden die Spuren der wenigen Meteoriten, die einen sichtbaren Krater hinterlassen, durch Erosion relativ schnell wieder verdeckt. So hat man bisher auf der gesamten Erdoberfläche lediglich 150 Einschlagskrater eindeutig identifiziert. Ein spektakulärer Einschlag fand vor einigen Jahren in der amerikanischen Stadt Peekskill im Bundesstaat New York statt. Ein 12 Kilogramm schwerer Meteorit durchschlug das hintere Ende eines geparkten Autos und blieb darunter liegen. Menschen kamen nicht zu Schaden.

Im Laufe der Erdgeschichte hat es aber durchaus auch Einschläge sehr viel größerer Meteoriten mit entsprechenden Folgen für das Leben gegeben. So gilt es unter Wissenschaftler als wahrscheinlich, dass das plötzliche Aussterben der Dinosaurier und weiterer Tierarten vor rund 65 Millionen Jahren auf den Einschlag eines sehr großen Himmelskörpers zurückgeht. Berechnungen zufolge müsste dieser Meteorit einen Durchmesser von mindestens 10 Kilometern gehabt haben. Tatsächlich hat man im Golf von Mexiko vor der Halbinsel Yukatan einen Krater von 180 bis 300 Kilometern Durchmesser gefunden, der vermutlich durch den Einschlag vor 65 Millionen Jahren verursacht wurde. Der Aufprall dieses „Dinokillers" hatte mit Sicherheit globale Folgen und veränderte die gesamte Biosphäre der Erde. Aufgewirbelter Staub, Asche und Rauch verdunkelten unseren Planeten für viele Monate. Dadurch sank die Temperatur auf der Erdoberfläche bis in Gefrierpunktnähe. Tiere, die nicht schon durch den Einschlag oder die folgende Flutwelle umkamen, starben an Unterkühlung oder verhungerten aufgrund fehlender Nahrung. Auf heutige Verhältnisse übertragen würde der Einschlag eines solchen Meteoriten vermutlich einen Großteil der Menschheit unmittelbar oder durch die Folgeerscheinungen umbringen.

Katastrophenfilme wie Deep Impact oder Armageddon handeln von der Bedrohung der Menschheit durch Meteoritentreffer. Natürlich wird die Menschheit im Film durch entsprechende Abwehrmaßnahmen gerettet. Aber wie wahrscheinlich ist nun der Einschlag eines solchen Himmelskörpern tatsächlich? Lohnt es sich, vorsorglich Abwehrsysteme zu entwickeln und zu installieren (falls dies überhaupt möglich ist)? Nach einer Abschätzung des Wissenschaftlers Clark R. Chapman tritt ein Ereignis von der Größenordnung des Dinokillers nur alle 100 Millionen Jahre ein. Dann aber löscht eine solche Katastrophe einen Großteil der Menschheit aus. Für die folgende Überschlagsrechnung wird von einer Milliarde (!) Toten ausgegangen. Daraus ergeben sich gemittelt über 100 Millionen Jahre jährlich 10 Tote. Bei einer Erdbevölkerung von fast 6 Milliarden Menschen und einer individuellen Lebenszeitverkürzung von 40 Jahren errechnet sich die statistische Lebenszeitverringerung dann zu etwa 2 Sekunden. Durch das Risiko eines Meteoriteneinschlags verkürzt sich die Lebenserwartung aller Menschen also nur um wenige Sekunden. Der Leser mag sich selbst eine Meinung über den Sinn von Abwehrmaßnahmen gegen diese Gefahr bilden.

MOBILTELEFONIEREN

Mobiltelefone sind aus dem Alltag nicht mehr wegzudenken. Viele Menschen verbinden mit der Nutzung jedoch Gefahren durch „Strahlung". Dies wird nicht zuletzt durch entsprechende Berichte über Elektrosmog in den Medien genährt.

Handys senden und empfangen elektromagnetische Wellen mit Frequenzen im Bereich von 900 MHz (D-Netz) oder 1800 MHz (E-Netz). MHz ist die Abkürzung für Megahertz und bedeutet eine Million Schwingungen in der Sekunde. Diese Wellen sind den Radiowellen vergleichbar, die Frequenz ist lediglich etwas höher. Zum Vergleich: Fernsehsender senden mit Frequenzen zwischen etwa 100 MHz und 400 MHz. Aufgrund dieser niedrigen Frequenzen können die vom Handy ausgesendeten Wellen in biologischem Gewebe nicht zur Ionisation führen. Dies unterscheidet Radiowellen grundsätzlich von höherfrequenten Wellen wie dem ultraviolettes Licht oder den Röntgenstrahlen. Das Wort Strahlung ist für die zur Mobiltelefonie genutzten Frequenzen also eher unangebracht, von Strahlung spricht man erst, wenn eine ionisierende Wirkung eintritt, d. h. wenn im bestrahlten Gewebe Elektronen aus Atomen herausgelöst werden und es dadurch zu einer Zellveränderung kommt. Oder anders ausgedrückt: Durch Handys kann es aus physikalischen Gründen zu keiner dauerhaften Zellschädigung kommen.

Allerdings können diese Wellen das Wasser in biologischem Gewebe erwärmen. Deswegen verwendet man Mikrowellengeräte ja gerade zum Kochen. Mobiltelefone senden mit einer Leistung von bis zu 2 Watt, was im Vergleich zu in der Küche verwendeten Mikrowellengeräten aber sehr gering ist. Ein typischer Mikrowellenherd erhitzt die Speisen im Garraum mit einer Leistung von 1000 Watt. Kochen kann man mit einem Handy also nicht, auch wenn die Hersteller immer mehr nützliche oder überflüssige Funktionen in diese Geräte einbauen. Versuche haben ergeben, dass ein

Handy das Gewebe am Ohr um bis zu ein Grad Celsius erwärmen kann. Dabei sollte aber beachtet werden, dass auch der Wärmestau zur Temperaturerhöhung beiträgt. Das Handy verhindert die Abgabe der vom Ohr natürlicherweise erzeugten Wärme an die Umgebung. Wer sich eine halbe Stunde lang eine Banane ans Ohr hält, dem wird schließlich auch warm. Die meisten Forscher gehen davon aus, dass eine kleine Temperaturerhöhung durch die vom Handy abgegebene Wärme keinen Einfluss auf die Gesundheit hat.

Eine weitere denkbare Wechselwirkung von Mobilfunkwellen mit biologischem Gewebe besteht in einer Beeinflussung der Signalprozesse im menschlichen Körper, vergleichbar einem Radio, dessen Empfang durch eine Bohrmaschine gestört wird. Ein Nachweis, dass ein derartiger Effekt von Handys hervorgerufen werden kann, wurde aber bisher nicht erbracht.

Weltweit wurden schon viele Hundert Studien zur Wirkung von Handywellen auf menschliches Gewebe durchgeführt. Dabei wurde empirisch untersucht, ob es einen Zusammenhang zwischen dem Auftreten bestimmter Krebsarten und der Handynutzung gibt. Bis heute konnte in keiner dieser Studien ein signifikanter Zusammenhang nachgewiesen werden. Vor diesem Hintergrund erscheint eine ernsthafte Gefährdung durch die Nutzung von Mobiltelefonen unwahrscheinlich.

Abschließend noch eine Bemerkung zu den Sendestationen für das Mobilfunknetz. Diese werden in der Öffentlichkeit auch kritisch gesehen. Ein Mobilfunksender sendet mit bis zu 100 Watt Leistung. Das ist im Vergleich zu den von Rundfunk- und Fernsehsendern ausgestrahlten Leistungen jedoch wenig. Ein UKW-Sender strahlt mit bis zu 100.000 Watt (!), also mit der tausendfachen Leistung. Falls von Mobilfunksendern also eine Gefahr ausgehen sollte, dann gilt dies mindestens ebenso für Radiosender. Allerdings wurden bisher weder für Radio- noch für Mobilfunksender negative Einflüsse auf die Gesundheit nachgewiesen.

MORD UND ANDERE TÖTUNGSDELIKTE

Im Jahr 2008 starben in Deutschland 722 Menschen durch Mord, Totschlag oder andere Tötungsdelikte (Quelle: Polizeiliche Kriminalstatistik). Legt man diese Zahl auf die gesamte Bevölkerung von 80 Millionen um, dann beträgt das jährliche Risiko, durch ein Gewaltverbrechen ums Leben zu kommen oder besser gebracht zu werden, 1 zu 110.800. Da man diesem Risiko wohl sein ganzes Leben ausgesetzt ist, kumuliert sich das Todesrisiko in 80 Jahren auf 1 zu 1385. Bei 40 Jahren Lebensverlust der Opfer beträgt die durchschnittliche Lebenszeitverkürzung für alle Menschen ungefähr 10 Tage. Alle Menschen würden ohne das Todesrisiko Gewaltverbrechen im Durchschnitt 10 Tage länger leben.

Hierzu noch einige Randbemerkungen:

Mord ist vor allem ein Nahraumdelikt, d. h. die Täter kommen meist aus dem unmittelbaren Lebensumfeld (Verwandte und Bekannte) des Opfers. Das zufällige Mordopfer ist eher die Ausnahme.

Zu den obigen Opferzahlen muss noch eine unbekannte Dunkelziffer hinzuaddiert werden. Viele Morde bleiben unentdeckt, da die Ärzte Mord nicht immer bemerken und in den Totenschein eine natürliche Todesursache eintragen.

Die Aufklärungsquote bei Mord und Totschlag beträgt über 97 Prozent und ist damit, auch im Vergleich zu anderen Verbrechen, sehr hoch (allerdings müsste man eigentlich noch die nicht bekannte Dunkelziffer berücksichtigen, so dass die tatsächliche Aufklärungsquote wohl etwas geringer ausfallen würde). Dennoch kann man nur empfehlen, Niemanden umzubringen – man wird fast immer überführt.

Die Anzahl der Morddelikte geht in den letzten 10 Jahren langsam, aber kontinuierlich zurück, auch wenn durch die Berichterstattung in der Boulevardpresse oftmals der gegenteilige Eindruck erweckt wird.

In der „Hitliste" der Mordwerkzeuge liegen Stichwaffen (Messer und ande-

re scharfkantige oder spitze Gegenstände) noch vor den Schusswaffen, gefolgt von Explosivstoffen (Handgranaten, Bomben), stumpfen Gegenstän-
den (mit denen die Opfer erschlagen werden) und anderen Werkzeugen.
Erst ganz am Ende der Liste findet man Giftstoffe, der klassische Giftmord
mit Zyankali kommt nur ganz selten vor.

PILZVERGIFTUNG

Im Herbst sieht man sie wieder in Wäldern und auf Wiesen: Pilzsammler, die ihrem Hobby nachgehen und Maronen, Steinpilze, Pfifferlinge oder Champignons sammeln und sich daraus Mahlzeiten zubereiten. Leider kommt es dabei auch zu tödlichen Verwechselungen der Speisepilze mit giftigen Exemplaren. Nach Auswertungen des Statistischen Bundesamtes starben in den letzten 10 Jahren jährlich durchschnittlich 2 Personen an einer Pilzvergiftung. Besonders heimtückisch ist der weiße Knollenblätterpilz, einerseits wegen seiner hohen toxischen Wirkung (20 Prozent der Erwachsenen und 50 Prozent der Kinder sterben nach dem Verzehr dieses Giftpilzes), andererseits, weil dieser Pilz leicht mit dem essbaren Wiesenchampignon verwechselt werden kann.

Schätzungen zufolge gibt es in Deutschland einige Hunderttausend Menschen, die mehr oder weniger sachkundig Pilze sammeln. Zählt man noch die mitessenden Familienangehörigen dazu, dann kann man von etwa 500000 Menschen ausgehen, die Mahlzeiten mit selbstgesuchten Pilzen zu sich nehmen. Geht man weiterhin davon aus, dass jeder Pilzfreund in jeder Saison 5 Mahlzeiten isst, dann beträgt das Todesrisiko Pilzvergiftung ungefähr 2 zu 2.500.000 pro Pilzmahlzeit. Bei 40 Jahren Lebenszeitverlust durch eine tödliche Pilzvergiftung reduziert sich die durchschnittliche Lebenszeit um etwa 16 Minuten pro Pilzmahlzeit. Diese Zahl ist als grobe Abschätzung zu verstehen, natürlich variiert das individuelle Risiko je nach Sachkenntnisstand über Pilze.

RADIOAKTIVITÄT UND STRAHLUNG

Unter Radioaktivität versteht man die Eigenschaft einiger instabiler Atomkerne, sich spontan unter Energieabgabe umzuwandeln. Die Energie wird als Teilchen- oder als Gammastrahlung abgegeben. Der Mensch hat keine Sinnesorgane, um Strahlung wahrzunehmen.

Wird biologisches Gewebe von der Strahlung getroffen, kommt es zur Ionisierung (Herauslösen von Elektronen aus Atomen) und als Folge davon zur Schädigung von Zellen. Dadurch können verschiedene Krebserkrankungen entstehen. Die Wirkung von Strahlung mittlerer oder hoher Dosis auf menschliches oder tierisches Gewebe ist sehr gut bekannt. Hierzu hat vor allem die Langzeituntersuchung der Opfer der amerikanischen Atombombenabwürfe auf Hiroshima und Nagasaki beigetragen. Man weiß also heute sehr gut, bei welcher Strahlungsdosis mit welchen Kurz- oder Langzeitfolgen zu rechnen ist.

Um nun die Auswirkungen kleiner und kleinster Dosen auf den menschlichen Organismus zu bestimmen, kann man nicht auf Fallzahlen (wie die Atombombenopfer) zurückgreifen. Exposition durch Strahlung ist eben nur eine von vielen Ursachen für die Krebsentstehung. Daher geht man in der Strahlenbiologie von der Annahme aus, dass der bei hohen Expositionen bekannte Zusammenhang zwischen Dosis und Wirkung auf kleine Strahlendosen extrapoliert wird. Um es einmal anschaulich zu erklären: Wenn der Konsum von täglich 10 Glas Bier zu einer Wahrscheinlichkeit von 50 Prozent führt, an Leberzirrhose zu erkranken, dann wird die entsprechende Wahrscheinlichkeit bei einem Konsum von einem Glas Bier zu 5% angenommen. Dieser Ansatz ist natürlich nur gerechtfertigt, wenn es keinen Schwellenwert gibt, ab dem gar keine schädigende Wirkung eintritt. Um beim Bier zu bleiben: Mit Sicherheit existiert hier so ein Schwellenwert, d. h. der Genuss von täglich nur einem Bier dürfte gänzlich ohne negative gesundheitliche Folgen bleiben. Genau da liegt das Problem in der Strahlenbiologie: Man weiß nicht, ob es nicht doch einen Schwellenwert für eine gänzlich ungefährliche Strahlendosis gibt. Insofern sind die auf der Extrapolation beruhenden Abschätzungen über die Wirkung kleiner Strahlendosen als obere Schranke zu verstehen, d. h. es könnte auch sein, dass weit geringere oder gar keine Wirkungen auf den menschlichen Organismus eintreten.

In unserem Lebensraum gibt es einige natürliche Strahlungsquellen. Aus dem Weltall treffen ständig hochenergetische Teilchen auf die Lufthülle der Erde. Diese kosmischen Partikel treten in Wechselwirkung mit der Lufthülle, dabei entstehen andere Partikel, vor allem Protonen und Neutronen. Diese Sekundärstrahlung trägt zur natürlichen Strahlenbelastung der Menschen bei. In Meereshöhe ist diese Höhenstrahlung allerdings schon auf etwa 10 Prozent gesunken, ein fundiertes Risiko kann hier aufgrund der geringen Dosis nicht angegeben werden. In einer Höhe von 10 bis 12 Kilometern ist diese Höhenstrahlung fünfmal stärker als am Boden. Piloten und Flugbegleiter setzen sich also hier einem (allerdings sehr geringen) zusätzlichen Risiko aus.

Eine weitere natürliche Strahlungsquelle stellen verschiedene radioaktive Substanzen dar, die im Boden oder in Gesteinsschichten in sehr geringen Konzentrationen vorkommen. Das bekannteste dieser Radionuklide ist das Edelgas Radon. Es zerfällt mit einer kurzen Halbwertszeit von 3,8 Tagen, entsteht aber in der Erdkruste ständig durch radioaktiven Zerfall schwererer Elemente neu. Es sammelt sich daher vornehmlich in Kellern, Bergwerken oder Höhlen. Radon gelangt in geringen Mengen über die Atemluft in die Lunge. Einer Studie zufolge sterben in Deutschland jährlich 3000 Menschen an Lungenkrebs, der durch Radon ausgelöst wurde (Quelle: Sarah Darby im British Medical Journal). Demnach liegt das jährliche Risiko, durch diese Strahlenexposition zu sterben, etwa bei 1 zu 27000 (80 Millionen geteilt durch 3000). Im Laufe eines achtzigjährigen Lebens beträgt das Risiko dann 1 zu 330. Ein durch Strahlung induzierter Krebs tritt erst sehr lange nach erfolgter Exposition auf. Die verlorene Lebenszeit wird daher mit „nur" 15 Jahren angesetzt. Daraus ergibt sich im Mittel für alle Bundesbürger eine Lebensverkürzung von 15 Jahren geteilt durch 330, also von etwa 16 Tagen. Theoretisch denkbare Schutzmaßnahmen, mit denen man versuchen könnte, das Radon aus der Atemluft zu filtern, würden das Leben im Mittel um 16 Tage verlängern. Dabei darf aber nicht vergessen werden, dass die Radonkonzentration regional stark schwankt. Das Bundesumweltministerium gibt als Spanne für die jährliche natürliche Umgebungsstrahlung in Deutschland, einschließlich Radon, Dosen zwischen einem und 10 Millisievert an, mit einem Mittelwert von 2,4 Millisievert. Die Einheit Sievert ist die Maßeinheit für die Strahlenwirkung auf biologisches Gewebe. Dabei werden die verschiedenen Strahlenarten entsprechend ihrer biologischen Wirkung unterschiedlich gewichtet, so dass sie miteinander verglichen werden können. Demnach schwankt die durch natürliche Strahlung verkürzte Lebenszeit in Deutschland zwischen 6 und 66 Tagen.

RAUCHEN

„Rauchen gefährdet ihre Gesundheit" steht seit einigen Jahren auf jeder Zigarettenpackung. Es gibt wohl kein anderes Lebensrisiko, welches so gründlich erforscht wurde wie der Tabakkonsum. Ein paar nüchterne Zahlen: von jährlich 850.000 Toten in Deutschland werden allein 140.000 dem Rauchen zugeschrieben. Rauchen verursacht tödliche Herz- und Kreislauferkrankungen und verschiedene Krebsarten, wobei Lungenkarzinome am häufigsten auftreten. Weiterhin spielt das Rauchen auch bei der Entstehung von Kehlkopf-, Mundhöhlen-, Magen- und Speiseröhrenkrebs eine entscheidende Rolle.

Nach verschiedenen Langzeitstudien haben Raucher im Vergleich zu Nichtrauchern eine um 5 bis 10 Jahre geringere Lebenserwartung. Das Rauchen einer einzigen Zigarette kostet statistisch etwa 8 Minuten Lebenszeit. Für das Risiko, an einer durch das Rauchen verursachten Erkrankung zu sterben, spielt weniger die Anzahl der pro Tag gerauchten Zigaretten eine Rolle, entscheidend ist vielmehr die Gesamtdauer des Tabakkonsums. Wer bereits als Jugendlicher mit dem Rauchen beginnt, hat also ein höheres Risiko, im Alter an den Folgen des Nikotingenusses zu sterben als ein „spätberufener" Raucher. Umgekehrt lohnt sich das Aufhören in jedem Lebensabschnitt. Wer mit 30 Jahren mit dem Rauchen aufhört, hat schon nach wenigen Jahren die gleiche Lebenserwartung wie ein gleichaltriger lebenslanger Nichtraucher. Wer mit 50 Jahren aufhört, kann seine Lebenserwartung um bis zu 5 Jahre steigern. Selbst wer erst mit 60 aufhört, kann seine Lebenserwartung noch um bis zu 3 Jahre erhöhen.

Bei der Beurteilung des Passivrauchens gehen die Meinungen der Experten allerdings etwas auseinander. Die Abschätzungen für durch das Risiko Passivrauchen vorzeitig verstorbene Menschen liegen zwischen 500 und 3000 Toten pro Jahr in Deutschland. Passivraucher sind heute vor allem Familienangehörige von Rauchern. Im Arbeitsalltag, in öffentlichen Räumen sowie seit kurzem auch in Gaststätten und Diskotheken wurde das Rauchen weitgehend untersagt. Somit dürfte es langfristig zu deutlich weniger Todesfällen durch das Passivrauchen kommen. Um auch die Auswirkungen des Passivrauchens zu quantifizieren, nehmen wir für die folgende grobe Abschätzung an, dass auf jeden Raucher ein passiv mitrauchender Zeitgenosse kommt. Weiterhin rechnen wir mit einer mittleren Zahl von 2000 Toten jährlich durch das Passivrauchen. Damit wäre das Passivrauchen 70 mal (140.000 tote Raucher geteilt durch 2000 tote Mitraucher) ungefährlicher als das Rauchen. Entsprechend reduziert sich die Lebenszeit eines Passivrauchers um 10 Jahre (Raucher) geteilt durch 70, also um etwa 50 Tage.

Abschließend noch eine Bemerkung zu den Kosten des Rauchens für die Sozialsysteme. Zwar stimmt es, dass Raucher immense zusätzliche Kosten für die Behandlung von Raucherleiden verursachen, die von allen Krankenversicherten getragen werden. Andererseits entlasten Raucher aber die Rentenkassen durch ihr sozialverträgliches Frühableben. Eine Aufrechnung der Be- und Entlastungen der Gesellschaft durch die Raucher ist sicherlich nur schwer möglich.

RAUMFAHRT (SPACE-SHUTTLE)

Das amerikanische Space-Shuttle war das einzige wiederverwendbare Raumfahrzeug. Es startet mit einer Besatzung von bis zu 8 Personen vom Kennedy Space Center in Florida. Nach Abwurf der Zusatzraketen (Booster) und des externen Tanks erreicht das Shuttle eine Umlaufbahn um die Erde in, je nach Mission, bis zu 400 Kilometern Höhe. Insgesamt 5 raumflugfähige Fähren wurden bisher gebaut. Nach der Mission verlässt das Shuttle seine Umlaufbahn. Dabei wird die Geschwindigkeit durch Bremsraketen verringert, wodurch die Raumfähre an Höhe verliert und wieder in die oberen Atmosphärenschichten gelangt. Schließlich landet das Shuttle wie ein Flugzeug im Gleitflug.

Der Mitflug in einem Space-Shuttle stellt ein nicht unerhebliches Risiko dar: Von insgesamt 123 Starts (Stand Februar 2009) verliefen immerhin 2 tödlich. Die Fähre Challenger explodierte am 28. Januar 1986 kurz nach dem Start durch einen Defekt an einem der Feststoffbooster, wobei die siebenköpfige Besatzung den Tod fand. Die Fähre Columbia wurde am 1. Februar 2003 beim Wiedereintritt zerstört, auch bei diesem Unglück starben 7 Astronauten. Die Ursache für diese Katastrophe war ein bereits beim Start zerstörter Hitzeschutzschild. Somit beträgt das Risiko, mit dem Space-Shuttle tödlich zu verunglücken, etwa 1 zu 61. Ein Start mit dem Space-Shuttle kostet 40 verlorene Jahre geteilt durch 61, also fast 8 Lebensmonate. Astronauten gehen durch einen einzigen Flug ins Weltall fast dasselbe Risiko ein, wie ein Motorradfahrer im ganzen Leben.

SELBSTMORD

In Deutschland wählen jedes Jahr fast 10000 Menschen den Freitod. Auch wenn die Zahl der Selbsttötungen seit 30 Jahren langsam, aber stetig abnimmt (von 18400 im Jahr 1980 auf 9400 im Jahr 2007) sterben noch fast doppelt so viele Menschen durch eigene Hand wie durch Unfälle im Straßenverkehr. Hinzu kommt noch eine Dunkelziffer unbekannter Höhe, da nicht alle Suizide eindeutig erkannt werden (z. B. können tödliche Unfälle sowohl durch Fahrlässigkeit, wie auch durch bewusste Selbsttötungsabsichten herbeigeführt werden).

Über die Hälfte aller Selbstmörder bringen sich durch Erhängen oder Ersticken um, gefolgt vom Sturz aus großer Höhe (11%), Vergiftung durch Tabletten und andere Giftstoffe (9%), Erschießen (5%) und Sich vor den Zug werfen (6%). Männer bevorzugen dabei eher „harte" Methoden wie Erhängen oder Erschießen, Frauen eher weiche wie Vergiftung durch eine Überdosis Schlaftabletten. Von allen Berufsgruppen haben Ärzte die höchste Suizidrate (3 mal höher als im Bevölkerungsdurchschnitt). Eine mögliche Erklärung für diese hohe Rate ist, dass Ärzte berufsbedingt einen leichten Zugang zu Medikamenten und Giften haben.

Sofern man Suizid als schicksalhaftes Ereignis ansieht, beträgt das jährliche Todesrisiko etwa 1 zu 8000 (bei 10000 Suiziden pro Jahr). Selbstmord als Todesursache gibt es glücklicherweise bei Kindern nur sehr selten, im gesamten Erwachsenenleben von ca. 60 Jahren tötet sich dann von 133 Menschen einer selbst. Bei einer um 40 Jahre verkürzten Lebensspanne errechnet sich daraus eine durchschnittliche Lebenszeitverkürzung durch Suizid von immerhin 3,6 Monaten.

SCHLANGENBISS

Die einzige giftige Schlange in Deutschland ist die Kreuzotter. Der Bestand wurde leider in den letzten Jahrzehnten durch Vernichtung ihres Lebensraumes stark dezimiert, sie ist in einigen Gebieten vom Aussterben bedroht. Dennoch kann man in Mooren oder Feuchtgebieten noch auf einige Exemplare dieser seltenen Tierart treffen.

Kreuzottern greifen Menschen nur an, wenn sie sich bedroht fühlen. Unvorsichtige Zeitgenossen, die in entsprechenden Gebieten nur mit leichter Kleidung (z. B. Sandalen) spazieren gehen und auf eine Schlange treten, können dann gebissen werden. Für bereits durch Krankheiten geschwächte Personen oder Kinder besteht ein geringes Risiko, an einem Schlangenbiss zu versterben. Die Folgen eines Bisses sind aber für die meisten Menschen eher harmlos bis mittelschwer, in seltenen Fällen kann es zu Komplikationen kommen. Neben Herzrhythmusstörungen bildet sich an der Bissstelle ein Ödem mit bakterieller Infektion. Im Ausnahmefall kann der Biss zu einem Schock mit Atemstillstand führen. Die Giftwirkung ist jedoch fast immer schmerzhaft und geht mit einer Schwellung einher. Außerdem sind Durchfälle und Erbrechen als Wirkung des Giftes bekannt. Der Kreuzotterbiss ist jedoch selten lebensbedrohlich, selbst ohne Injektion eines Gegengiftes bleiben meist keine dauerhaften Schädigungen zurück.

Sicherheitshalber sollte man nach einem Biss jedoch einen Arzt aufsuchen. Todesfälle durch den Biss von Kreuzottern sind äußerst selten. Im Sommer 2008 gab es den vermutlich ersten tödlichen Kreuzotter-Biss seit den fünfziger Jahren. Auf Rügen wurde eine 82jährige Frau von einer dort heimischen schwarzen Kreuzotterart in den Arm gebissen, als sie sich bückte. Die Frau hat dem Biss wohl selbst nicht allzu große Bedeutung beigemessen. Jedenfalls hat sie das Tier nach dem Biss noch in einer Regentonne gefangen. Eine Viertelstunde nach dem Biss verstarb die Frau jedoch plötzlich, vermutlich nicht einmal an der toxischen Wirkung des Giftes, sondern an einem allergischen Schock. Die Schlange wurde später von Mitarbeitern des Stralsunder Zoos eingefangen.

Geht man davon aus, das dies wirklich der einzige tödliche Biss einer Kreuzotter in Deutschland seit einem halben Jahrhundert, also nahezu einem Menschenalter war, dann beträgt die Wahrscheinlichkeit eines tödlichen Bisses im Laufe eines gesamten Lebens also nur 1 zu 80 Millionen (von 80 Millionen Menschen trifft es im Laufe des Lebens nur einen). Der Unglückliche verliert dadurch 40 Lebensjahre. Somit verlieren alle Menschen statistisch durch das Risiko Kreuzotterbiss 40 Jahre geteilt durch 80 Millionen, also etwa 15 Sekunden.

STRASSENVERKEHR, ALLGEMEIN

Erfreulicherweise sinkt die Anzahl der im Straßenverkehr getöteten Personen in Deutschland seit Einführung der Unfallstatistik im Jahre 1953 kontinuierlich. Im Jahr 2007 wurden auf Deutschlands Straßen nur noch 4949 Personen getötet (Quelle: Statistisches Bundesamt). Das „nur" soll dabei den Rückgang von 5% zu den Vorjahreszahlen betonen. Selbstverständlich verbirgt sich hinter jeder/ jedem Getöteten ein bedauerliches Einzelschicksal. Andererseits gab es in den Siebzigerjahren Rekordzahlen von fast 20000 Toten pro Jahr allein auf dem Gebiet der alten Bundesrepublik!

Hinter den etwa 5000 Toten pro Jahr (oder 14 Toten pro Tag) verbergen sich sowohl getötete Autofahrer, als auch Fußgänger, Radfahrer oder spielende Kinder. Für die folgende Abschätzung wird angenommen, dass alle hier lebenden Menschen mehr oder weniger intensiv ihr ganzes Leben am Verkehr teilnehmen (gemeint ist hier der auf unseren Straßen, bezüglich des Risikos beim anderen Verkehr siehe Aids...). Somit beträgt das Risiko, im Straßenverkehr zu sterben, etwa 5000 zu 80 Millionen pro Jahr, also 1 zu 16000. Im Laufe eines Lebens von 80 Jahren kumuliert sich das Risiko Straßenverkehr auf 1 zu 200. Geht man bei den Getöteten von durchschnittlich 40 verlorenen Lebensjahren aus, dann verliert man durch die Teilnahme am Straßenverkehr statistisch etwa 40 Jahre geteilt durch 200, also 2,4 Monate. Wer völlig abgeschottet als Einsiedler lebt und sich niemals auf öffentliche Wege oder Straßen begibt, erhöht seine Lebenserwartung statistisch um zweieinhalb Monate. Das Risiko Straßenverkehr wird in unserer Gesellschaft weitgehend widerspruchslos hingenommen, obwohl es wesentlich geringere Risiken gibt (z. B. Kernenergie, Terrorismus), die seit Jahren immer wieder öffentlich diskutiert werden. Das tägliche Risiko wird wohl eher schicksalhaft hingenommen als abstraktere Gefahren, die man schwerer versteht.

Die oben abgeschätzten 2,4 Monate sind ein Durchschnittswert über alle

Verkehrsteilnehmer. Interessant ist die Aufschlüsselung der Getöteten nach der Art des benutzen Vehikels: Von den 5000 Toten entfallen ca. 3000 auf Autofahrer (wobei wir nicht zwischen Fahrern und Mitfahrern unterscheiden, außerdem sind hier sowohl die PKW-Fahrer, als auch Lastwagenfahrer zusammengefasst), etwa 900 auf Motorradfahrer (getötete Mitfahrer auf dem Soziussitz ebenfalls mitgezählt), ca. 500 Radfahrer und ca. 600 Fußgänger. Die jeweiligen Risiken werden in den entsprechenden Kapiteln behandelt.

Weiterhin interessant ist der Vergleich mit anderen Ländern. Deutschland liegt hier was die Unfallzahlen und –folgen angeht eher im Mittelfeld der industriellen Länder. Mit mehr als 100000 Verkehrstoten pro Jahr liegt Indien absolut gesehen unangefochten auf Platz 1 der weltweiten Unfallstatistik. Bezogen auf die Gesamtbevölkerung von einer Milliarde Menschen relativiert sich dieses Risiko allerdings: Pro Jahr stirbt dort jeder Zehntausendste im Straßenverkehr, somit ist das Fahren dort insgesamt auch nicht viel gefährlicher ist als in Deutschland.

STRASSENVERKEHR, AUTOFAHREN

Von den etwa 5000 Toten im Straßenverkehr (siehe Straßenverkehr, allgemein) entfallen die meisten, nämlich 3000, auf getötete Autofahrer, wobei wir hier nicht zwischen Fahrern und Mitfahrern unterscheiden. Als Gesamtzahl aller Autofahrer darf man hier natürlich nicht die Gesamtbevölkerung heranziehen, sondern nur die als Autofahrer aktiven Zeitgenossen. Man kann ungefähr sagen, dass 40 Millionen Menschen in unterschiedlichen Phasen ihres Lebens mehr oder weniger intensiv als Autofahrer oder Mitfahrer am Verkehr teilnehmen. Dann beträgt das Risiko, in einer Zeitspanne von einem Jahr an einem tödlichen Autounfall zu sterben, 3000 zu 40 Millionen, also 1 zu 13333. Geht man davon aus, dass wir unser ganzes Leben im Auto fahren (zunächst, in der Kindheit, als Mitfahrer, dann aktiv als Fahrer und schließlich, im Greisenalter wieder als Beifahrer), dann kann man das Lebensrisiko mit 1: 166 ansetzen. Oder: von 166 autofahrenden Menschen trifft es im Laufe eines Lebens einen tödlich. Der oder die Unglückliche verliert vielleicht 40 Lebensjahre, somit beträgt die Lebenszeitverkürzung infolge des Autofahrens ca. 40 Jahre geteilt durch 166, also fast 3 Monate.

Diese Zahlen sind natürlich nur ungefähre Anhaltswerte. So ist das Risiko im Auto zu versterben auf dem Lande etwas höher als in der Stadt. Dies liegt an den auf Landstraßen gefahrenen höheren Geschwindigkeiten und den gefährlicheren Straßenbegrenzungen – meist Bäumen -, die kollidierenden Autos im Allgemeinen nicht ausweichen. In der Stadt wird naturgemäß langsamer gefahren, entsprechend geringer sind die Folgen einer Frontalkollision. Auch hängt das individuelle Risiko stark vom Alter ab: Junge Menschen bis Mitte 20 haben ein ungleich höheres Risiko, als Autofahrer tödlich zu verunglücken, als andere Altersgruppen. Das liegt zum einen an der noch relativ geringen Fahrpraxis, zum anderen an der deutlich höheren Risikobereitschaft von vor allem männlichen Fahrern dieser Altersgruppe. Dies verdeutlicht auch ein Blick in die Verkehrsunfallstatistik: Überhöhte oder unangepasste Geschwindigkeit ist die mit Abstand häufigste Todesursache bei Unfällen von jungen Fahrern. Dabei sind dann meist auch mehrere Tote zu beklagen, da die Autos oft mit vier oder fünf Insassen besetzt sind.

Das Unfallrisiko für ältere Autofahrer ist zwar im Vergleich zum statistischen Durchschnitt ebenfalls erhöht, allerdings verunglücken Senioren bei einem Unfall meist nicht tödlich. Der typische Senior schiebt beim Ein- oder Ausparken gern mal ein paar andere Autos zusammen, wobei in der Regel aber nur Blechschaden entsteht.

Der im Kapitel Straßenverkehr bereits angesprochene permanente Rückgang der Unfallzahlen seit den Fünfzigerjahren hat seine Ursache in der deutlich gesteigerten aktiven und passiven Sicherheit heutiger Fahrzeuge. Von den vielen Verbesserungen sei hier die Einführung der Gurtpflicht in den Siebzigerjahren genannt. Die Gurtpflicht verringerte die Anzahl der Getöteten sprunghaft und dauerhaft.

STRASSENVERKEHR, MOTORRADFAHREN

Motorradfahrer leben gefährlich. Jährlich sind etwa 900 getötete Motorradfahrer oder Beifahrer zu beklagen. Insgesamt gibt es ca. 1,7 Millionen Motorradfahrer auf unseren Straßen (Quelle: Versicherungswirtschaft). Das jährliche Risiko, als Motorradfahrer tödlich zu verunglücken, beträgt also 1 zu 1888. Motorradfahren ist etwa siebenmal so gefährlich wie Autofahren. Geht man davon aus, dass der typische Motorradfahrer sein Hobby vielleicht 30 Jahre seines Lebens betreibt, dann kumuliert sich das Risiko im Leben auf 1 zu 63. Getötete Fahrer sind in der Regel noch relativ jung, man kann die verlorenen Lebensjahre hier mit etwa 50 Jahren ansetzten. Dann verliert ein Motorradfahrer rein statistisch 50 geteilt durch 63 Jahre, also immerhin 9,5 Monate.

Unfallschwerpunkt bei getöteten Motorradfahrern ist die Landstraße. Nahezu drei Viertel aller tödlichen Unfälle passieren hier. Zwei Ursachen sind für diese Landstraßenunfälle zu nennen: Zum einen Fahrfehler infolge von Selbstüberschätzung. Gerade zu Saisonbeginn im Frühling überschätzen viele Fahrer ihr eigenes Können und werden beispielsweise aus der Kurve getragen und kollidieren mit Bäumen, dem Gegenverkehr oder anderen Hindernissen. Solche Unfälle enden oft tödlich. Die Geschwindigkeit von Motorradfahrern wird von Autofahrern oft falsch eingeschätzt oder sie werden ganz übersehen. Dadurch kommt es insbesondere an Kreuzungen häufig zu schweren Unfällen, wobei der Motorradfahrer dann keine Schuld hat, aber trotzdem tot ist.

Das Alter der durch einen Motorradunfall getöteten Personen hat sich in den letzten Jahren von der Altersgruppe der 20 bis 30 Jährigen hin zu den über 35 Jährigen verschoben. Diese Entwicklung geht einher mit der Zunahme von Hubraum und Leistung der Motorräder. Waren in den Achtzigerjahren Hubraumgrößen von 500 Kubikzentimetern noch normal, so gelten heute 750ziger Maschinen bereits als Einstiegsmotorisierung. Entsprechend stieg auch die Leistung auf teilweise weit über 100 PS. Solche schweren Maschinen werden überwiegend von den älteren und zahlungskräftigeren Jahrgängen gefahren.

Sicherheitstechnisch ist in der Motorradentwicklung lange nicht so viel Potenzial vorhanden wie in der Automobilentwicklung. Durch Konzepte wie Sicherheitsgurte, Sicherheitszellen, Airbags oder elektronische Hilfen wie ABS oder ESP konnte die Anzahl der tödlichen Autounfälle seit den Fünfzigerjahren deutlich gesenkt werden. Derartige Sicherheitskonzepte lassen sich im Zweiradbau leider nicht umsetzten. Somit ist auch in den nächsten Jahren mit weiterhin zu vielen tödlichen Motorradunfällen zu rechnen.

STRASSENVERKEHR, RADFAHRER UND FUSSGÄNGER

Anders als beim Motorradfahren liegt der Schwerpunkt bei Unfällen mit Radfahrern eindeutig in der Stadt. Radfahrer sind unten den fahrenden Verkehrsteilnehmern die Schwächsten und werden von Auto- und Lastwagenfahrern oft übersehen. Bei einem Unfall sind sie daher besonders gefährdet. Entsprechend schwer sind die Unfallfolgen, tödliche Kopfverletzungen führen hier die Liste der Todesursachen an.

Ungefähr 500 Radfahrer verunglücken jedes Jahr auf Deutschlands Straßen tödlich. Um das individuelle Risiko abzuschätzen, muss man die Gesamtzahl der radelnden Mitbürger kennen. Mehr oder weniger jeder fährt zumindest zeitweilig im Leben mit dem Rad. Nehmen wir an, dass ein Drittel der Bevölkerung, also etwa 25 Millionen Menschen, regelmäßig Rad fährt. Dann beträgt das Risiko als Radfahrer einen tödlichen Verkehrsunfall zu erleiden 500 zu 25 Millionen oder 1 zu 50000. Radfahren ist somit ungefähr 3,8 mal ungefährlicher als Autofahren und mehr als 25 mal (!) ungefährlicher als Motorradfahren (und obendrein natürlich auch viel gesünder). Geht man davon aus, dass der radfahrende Teil der Bevölkerung dies etwa 50 Jahre lang betreibt, dann kumuliert sich das Risiko Radfahren im Leben auf 1 zu 1000. Von 1000 Radfahrern trifft es im Leben einen, der an den Folgen eines Unfalls stirbt. Wiederum wird die verlorene Lebenszeit mit 40 Jahren angesetzt. Dann verliert man durch das Radfahren statistisch etwa 15 Tage Leben.

Die Anzahl der im Straßenverkehr getöteten Fußgänger ist mit 600 Toten pro Jahr in etwa mit der Zahl der getöteten Radfahrer vergleichbar. Allerdings nehmen nahezu alle Menschen als Fußgänger am Verkehr teil. Dies verkleinert dann das individuelle Risiko gegenüber einem Radfahrer beträchtlich auf 1 zu 133000. Macht bei 80 Lebensjahren (alle Altersgruppen nehmen als Fußgänger am Verkehr teil) ein Risiko von 1 zu 1660. Von 1660 Menschen wird also einer als Fußgänger im Verkehr getötet. Dies entspricht bei einer verlorenen Lebenszeit von 40 Jahren statistisch einer Lebensver-kürzung von knapp 9 Tagen.

TAUCHEN

Der nur durch künstliche Sauerstoffzufuhr mögliche dauerhafte Aufenthalt unter Wasser weckt unsere Urangst vorm Ertrinken. Tauchen gilt vielen Menschen daher als gefährliche Sportart. Die Statistik spricht jedoch eine andere Sprache. Nach einer kürzlich in der Schweiz durchgeführten Umfrage der Stiftung für Werbemittelforschung gaben 270.000 Schweizer als Hobby den Tauchsport an. In dieser Personengruppe kam es im Umfragejahr zu 241 Unfällen, von denen 7 tödlich verliefen. Die meisten Unfälle waren auf Dekompressionsverletzungen durch zu schnelles Auftauchen zurückzuführen. Somit beträgt das jährliche Todesrisiko für durchschnittliche Tauchsportler etwa 1 zu 38500. Wenn man 30 Jahre lang taucht, dann stirbt einer von 1286 Tauchern durch einen Unfall. Bei 40 Jahren Lebensverkürzung pro Todesopfer reduziert sich die Lebenserwartung aller Taucher um 11 Tage. Im Vergleich zu anderen Sportarten wie z. B. dem Segelfliegen ist Tauchen daher ein eher ungefährliches Hobby.

TERRORISMUS

Umfragen zufolge fürchten sich mehr Deutsche vor terroristischen An-schlägen, als vor anderen Lebensrisiken wie Arbeitslosigkeit oder Krank-heit. Wie groß ist die Terrorgefahr für jeden Einzelnen nun tatsächlich?
Zunächst ein Blick auf die Chronologie des Terrorismus in Deutschland: Anfang der Siebzigerjahre bildeten sich linksextremistische Terrorgruppen, die Anschläge auf Kaufhäuser, das Gebäude des Axel-Springer-Verlages oder amerikanische Einrichtungen verübten. Aus diesen Gruppierungen entstand dann die Rote Armee Fraktion (RAF). Die RAF verübte insbeson-dere in den Siebzigerjahren zahlreiche Attentate. Die bekanntesten waren wohl die Ermordung des Berliner Kammergerichtspräsidenten von Drenk-mann, das tödliche Attentat auf den Generalbundesanwalt Buback und sei-ne Begleiter sowie die Entführung und Ermordung des Arbeitgeberfunkti-onärs Schleyer und die damit zusammenhängende Entführung einer Luft-hansamaschine. Bis zur Selbstauflösung 1998 gingen 34 Tote auf das Konto der linken Terroristen. Die Opfer waren zumeist Politiker, Wirtschaftsfüh-rer oder deren Personenschützer.
Der rechtsextreme Terror stellt diese Bilanz noch in den Schatten: Allein beim Attentat auf das Münchener Oktoberfest 1980 starben durch die Bombe 13 Menschen. Später, insbesondere nach der Wiedervereinigung, richtete sich der braune Terror vor allem gegen Ausländer, Asylsuchende, Linke, Polizisten oder einfach gegen Menschen, die zur falschen Zeit am falschen Ort waren. Von der Wiedervereinigung bis Ende 2007 haben die Landespolizeibehörden offiziell 40 Tote dem braunen Terror zugerechnet. Die wirkliche Zahl dürfte leider noch höher liegen.
Somit kann man insgesamt von etwa 100 Todesopfern durch terroristische Anschläge in Deutschland in den letzten 40 Jahren ausgehen. Nicht mitge-rechnet sind hier die deutschen Opfer von Terroranschlägen im Ausland, beispielsweise beim Anschlag auf die jüdische Synagoge in Djerba oder die

deutschen Opfer des Attentats auf das World Trade Center am 11. September 2001 in New York. 100 Tote in 40 Jahren, das entspricht also 2,5 Toten pro Jahr oder 200 Toten im Laufe eines achtzigjährigen Lebens, wenn man für alle Bevölkerungsgruppen das gleiche Risiko annimmt. Bei 40 Jahren Lebenszeitverlust pro Opfer errechnet sich daraus eine statistische Lebenszeitverkürzung von 53 Minuten. Das Risiko Terrorismus kostet uns also 53 Lebensminuten. Dies ist im Vergleich zu anderen Risiken ein außerordentlich niedriger Wert. Das gleiche Risiko gehen wir durch das Rauchen von nur 7 Zigaretten ein. Die Angst, bei terroristischen Anschlägen das Leben zu verlieren, ist daher völlig unbegründet, wird aber von rechtskonservativen Politikern und der Boulevardpresse bewusst geschürt. Es ist erstaunlich, dass das Terrorrisiko in etwa genauso groß (oder besser klein) ist, wie die Gefahr, durch einen Kernkraftwerksunfall ums Leben zu kommen. Beide Gefahren werden im öffentlichen Bewusstsein als stark überhöht wahrgenommen, wohl auch, weil bestimmte politische Strömungen diese Angst für ihre jeweiligen Interessen ausnutzen.

TRANSRAPID

Die Magnetschwebebahn Transrapid wird von den Herstellerfirmen als das sicherste Verkehrsmittel der Welt angepriesen. Zusammenstöße zweier entgegenkommender Züge sind ebenso unmöglich wie Kollisionen mit kreuzenden anderen Verkehrsmitteln. Der Transrapid hat keine Räder (die bei einem Bruch zum Entgleisen des ganzen Zuges führen können), sondern schwebt durch magnetische Felder gehalten über dem Fahrweg. Die Technik der Magnetschwebebahn ist schon seit den Dreißigerjahren bekannt, eine rein kommerzielle Nutzung findet aber dennoch bis heute nicht statt (die Strecke in Shanghai gilt offiziell auch nur als Teststrecke).

Am 22. September 2006 ereignete sich auf der Transrapid-Versuchsstrecke bei Lathen im Emsland ein schreckliches Unglück: Der mit Besuchern besetzte Transrapid prallte mit einer Geschwindigkeit von fast 200 km/h auf einen stehenden Werkstattwagen. 23 Menschen verloren ihr Leben, viele weitere wurden z. T. schwer verletzt. Als Ursache für dieses bisher einzige schwere Unglück der Magnetbahntechnologie wurde menschliches Versagen ermittelt. Der Fahrdienstleiter vergaß schlicht, eine Fahrwegsperre zu setzen, mit der das Losfahren des Transrapids hätte blockiert werden können. Der Fahrer des Zuges – oder besser der mitfahrende Überwachungsingenieur, denn die Züge können vollautomatisch ohne Betriebspersonal fahren – hätte den Werkstattwagen eigentlich sehen müssen und den Zug dann noch rechtzeitig anhalten können. Warum dies nicht geschah, konnte nicht mehr eindeutig geklärt werden, der Fahrer gehörte zu den Todesopfern. Es war also eindeutig menschliches Versagen.

Bis zum Unglückstag wurde die Magnet-Schnellbahn auf der 31,5 km langen Versuchsstrecke auf Herz und Nieren getestet. Seit Mitte der Achtzigerjahre wurden insgesamt mehr als 570000 Fahrgäste transportiert (Quelle: Landkreis Emsland). Setzt man die 23 Tote in Relation zu diesen insgesamt transportierten Fahrgästen, dann endet die Fahrt rein rechnerisch für jeden fünfundzwanzigtausendsten Gast tödlich. Bei 40 verlorenen Lebensjahren verkürzt sich die Lebensspanne durch eine Mitfahrt im Transrapid statistisch um 40 Jahre geteilt durch 25000, also etwa 14 Sunden.

Das tatsächliche Risiko dürfte jedoch weit geringer anzusetzen sein. So ein Unglück wie im September 2006 wird sich mit Sicherheit nicht wiederholen. Bereits durch einfache technische Maßnahmen kann sichergestellt werden, dass der Magnetschwebezug wirklich nur bei freier Strecke in Fahrt gesetzt werden kann. Seriöse Berechnungen des TÜV Rheinland gehen von einer oberen Grenze für das Risiko eines tödlichen Unfalls des Transrapids bei führerlosem Betrieb von 1 zu einer Milliarde aus. Dieses ist ein im Vergleich zu anderen Verkehrsmitteln außerordentlich geringer Wert.

UNFÄLLE IM HAUSHALT

Man mag es kaum glauben, aber durch Unfälle im häuslichen Bereich sterben mehr Menschen als im Straßenverkehr. Nach einer Zählung des statistischen Bundesamtes waren im Jahr 2006 insgesamt 6455 Todesopfer zu beklagen, die Zahl der Verletzten betrug ein Vielfaches davon (Quelle: sueddeutsche.de). Die Ursachen für häusliche Unfälle sind vielfältig: Vom klassischen Sturz beim Fensterputzen, bis zu Verbrühungen, Strom- und Sägeunfällen von Hobbyhandwerkern, Verbrennungsunfällen beim Grillen sowie Stolpern über Kabel und Gegenstände ist alles vertreten. Ein genauerer Blick in die Statistik zeigt, dass mehr Frauen (3558) als Männer (2682) betroffen sind. Offensichtlich ist hierfür die immer noch vorhandene Arbeitsteilung zwischen den Geschlechtern, nach der Frauen für die Hausarbeit zuständig sind, ursächlich. Auch gibt es saisonale Unterschiede bei den Ursachen. Im Sommer treten vermehrt Grillunfälle sowie Unfälle durch Unachtsamkeit beim Rasenmähen auf, im Winter sind es mehr Wohnungsbrände, die durch Kerzen oder Kaminfeuer ausgelöst werden.

Rechnet man die Zahl der Todesfälle durch Haushaltsunfälle auf die gesamte Bevölkerung um, dann beträgt das jährliche Risiko immerhin 1 zu 12393, und 1 zu 155 im Laufe eines achtzigjährigen Lebens. Bei 40 Jahren entgangener Lebenszeit pro Unfallopfer verringert sich die durchschnittliche Lebenszeit durch Haushaltsunfälle um 3 Monate.

UNGESUNDE ERNÄHRUNG

Fast täglich lesen und hören wir in den Medien neue Hiobsbotschaften oder Empfehlungen zur Ernährung. Unzählige Bücher propagieren mal die eine, mal die andere angeblich gesunde Ernährungsweise oder Diät oder warnen vor bestimmten Nahrungsmitteln. Viele dieser von Ernährungsgurus verbreiteten Weisheiten kann man aber getrost vergessen. So gibt es beispielsweise keinerlei Belege für die Trennkost, nach der man bestimmte Speisen nicht zusammen essen darf. Auch wird der Einfluss von Schadstoffen (z. B. Pestiziden) in unserer Nahrung eher überschätzt und lenkt von dem eigentlichen Problem ab, nämlich dass viele Menschen einfach zu viel und zu fett essen.

Es gilt als gesichert, dass übermäßiger Fleischkonsum für die Gesundheit abträglich ist, der Verzehr von Obst, Gemüse und Vollkorngetreideprodukten dagegen gesund ist. Die Schädlichkeit des Verzehrs von zu vielen tierischen Fetten kann man aus Untersuchungen mit vegetarisch essenden Vergleichsgruppen ableiten. Einen Grenzwert für den noch ungefährlichen Fleischkonsum pro Tag oder Woche kann man aber nur schwer angeben. Dagegen gibt es gut gesicherte Erkenntnisse zur Fettleibigkeit, die durch zu viel und zu fettes Essen insgesamt (nicht nur durch tierische Fette) hervorgerufen wird. Dickere Menschen haben ein höheres Risiko an Herzinfarkt, Schlaganfällen oder Dickdarmkrebs zu erkranken und zu versterben.

Ein Maß für die Leibesfülle stellt der sogenannte Body Mass Index (BMI) dar. Dieser berechnet sich, indem man das Körpergewicht in Kilogramm durch die Körpergröße in Metern zum Quadrat teilt. Also: ein 1,80 Meter großer Mensch mit einem Gewicht von 80 kg hat einen BMI von 24,7. Größere Menschen dürfen also durchaus schwerer sein (manche Zeitgenossen sagen auch, Sie wären nicht zu dick, nur zu klein...). Als übergewichtig werden Menschen mit einem BMI von über 25 bezeichnet. Mit zunehmendem BMI vermindert sich die Lebenserwartung. Nach amerikanischen

Studien haben Menschen mit einem BMI über 30 bereits eine um 5 bis 7 Jahre geringere Lebenserwartung. Extrem fettleibige Menschen (BMI > 40) sogar verlieren statistisch sogar 5 bis 20 Jahre (Quelle: medizinauskunft).

UNWETTER (STURM UND HOCHWASSER)

Naturkatastrophen ereignen sich in Deutschland im globalen Vergleich eher selten. Vor allem Stürme führen jedoch zu teils erheblichen wirtschaftlichen Schäden und leider auch zu tödlichen Unfällen. Hier ein Auszug aus Unwetterkatastrophen der letzten Jahre:

Im Jahr 2008 wütete der Orkan Emma über großen Teilen Norddeutschlands. Neben einer Schadenshöhe von einer Milliarde Euro waren auch 6 Tote zu beklagen.

Der Orkan Kyrill tötete 2007 europaweit 47 Menschen, davon 13 in Deutschland.

In den Jahren 2002 und 2006 und 2013 führten Hochwasser in der Elbe zu erheblichen Schäden. Außerdem waren (2006) auch mehrere Todesopfer zu beklagen.

2001 wütete der Sturm Willy in Baden-Württemberg und Bayern. Bilanz: 350 Millionen Euro Schaden und 6 Todesopfer.

Auch wenn die Anzahl der Todesopfer durch Stürme und Hochwasser von Jahr zu Jahr erheblich schwankt, kann man doch von einem Mittelwert von jährlich etwa 20 Toten in Deutschland durch Sturm, Hochwasser und Starkregen ausgehen. Umgerechnet auf alle in Deutschland lebenden Menschen bedeutet dies bei einer Lebensspanne von 80 Jahren, dass sich die Lebenserwartung durchschnittlich um 7 Stunden verringert. Dieser niedrige Wert steht im Widerspruch zum subjektiven Wahrnehmungsempfinden vieler Menschen. Selbst wenn die Anzahl und Heftigkeit von Stürmen in Zukunft infolge der Klimaerwärmung zunimmt (was keinesfalls bewiesen ist), bleibt das Lebensrisiko Unwetter eher vernachlässigbar.

VULKANAUSBRUCH

In dem TV-Zweiteiler „Vulkan" bricht ein erloschener Vulkan in der Eifel aus und verschüttet ganze Dörfer unter einer Lava- und Geröelllawine. Nach Ausstrahlung fragten sich viele Zuschauer, ob so ein Ausbruch tatsächlich passieren kann. Der Vulkanologe Prof. Schmincke hat sich dazu so geäußert: „Es ist ein Irrglaube, dass die Vulkane in der Eifel erloschen sind, nur weil sie seit 13000 Jahren nicht mehr ausgebrochen sind".

Tatsächlich gibt es in Deutschland einen Vulkangürtel, der sich von der Eifel über den Westerwald und den Vogelsberg bis zum Erzgebirge erstreckt. In diesem Gürtel gibt es insgesamt 39 Vulkane. Diese sind seit langer Zeit inaktiv, aber nicht erloschen. Die letzte größere Eruption fand vor 13000 statt, als Folge des Ausbruchs entstand der Laacher See. Niemand kann vorhersagen, wann es wieder zu Ausbrüchen kommt. Dies kann noch Jahrtausende dauern, aber auch schon in einigen Jahrzehnten eintreten. Prof. Schreiber von der Universität Duisburg-Essen formulierte es drastisch: „Die Wahrscheinlichkeit, dass es in der Eifel noch einmal zu einem Vulkanausbruch kommt, liegt bei 100 Prozent."

Allerdings kann man den Zeitpunkt der nächsten größeren Vulkaneruption in Deutschland nicht vorherbestimmen, ja nicht einmal abschätzen. Experten sind sich jedoch einig, dass die Ausbrüche in Zyklen erfolgen, die jeweils einige Zehntausend Jahre dauern. Während einer solchen aktiven Phase bricht der Vulkan dann mehrmals aus, wobei zwischen den einzelnen Ausbrüchen einige zehn bis einige Tausend Jahre liegen. Nach einer Eruptionsserie macht der Vulkan dann oftmals für einen sehr viel längeren Zeitraum – einige Hunderttausendjahre - Pause. So war es auch beim Laacher Vulkan. Aus geologischen Befunden lässt sich nachweisen, dass der Ausbruch dieses Vulkans vor 13000 Jahren der erste seit mindestens einhunderttausend Jahren war. Demnach befindet sich der Laacher Vulkan am Anfang einer neuen Serie. Nehmen wir einmal an, der nächste Ausbruch findet innerhalb der nächsten 13000 Jahre statt. Dann beträgt die Wahrscheinlichkeit, im Laufe eines achtzigjährigen Lebens eine Eruption mitzuerleben, 1 zu 163. Da in Vulkannähe vermutlich alles Leben getötet wird, verliert man durch einen Ausbruch statistisch 40 verlorene Lebensjahre geteilt durch 163, also fast 3 Monate Leben. Dieses auf einer zugegeben sehr groben Abschätzung basierende Risiko gilt natürlich nur für Menschen, die in unmittelbaren Vulkannähe leben. Das Risiko ist aber beispielsweise deutlich größer, als das Risiko, durch einen Kernkraftwerksunfall getötet zu werden (siehe Kernenergie). Zugespitzt formuliert ist also ein Kernkraftwerk in der Nachbarschaft einem vermeintlich erloschenen Vulkan vorzuziehen.

WINTERSPORT (SKILAUFEN)

Spektakuläre Unfälle wie der, in den der ehemalige Ministerpräsident Thüringens, Dieter Althaus, verwickelt war, rücken die Gefahren beim Wintersport in den Blickpunkt. Dieser stieß in den österreichischen Alpen beim Abfahrtslauf mit einer Frau zusammen. Der Unfall endete für die Frau tödlich, Dieter Althaus zog sich schwere Kopfverletzungen zu und überlebte wohl nur, weil er einen Helm trug.

Gemeinhin verbindet man mit dem Wintersport eher Verletzungen wie Arm- oder Beinbrüche. In der Saison 2007/2008 kam es in den österreichischen Wintersportgebieten jedoch auch zu 21 Skiunfällen mit tödlichem Ausgang. Meistens stießen Abfahrtsläufer mit hoher Geschwindigkeit zusammen, oder prallten gegen Hindernisse. Das Risiko kann abgeschätzt werden, indem man diese etwa 20 Todesopfer auf die gesamten Skisportler einer Saison bezieht. Nach Informationen von Tourismusverbänden gibt es in Österreich pro Saison etwa 3,5 Millionen Gäste. Davon betreiben etwa 2 Millionen Touristen mehr oder weniger intensiv Abfahrtslauf. Das Risiko, bei Ausübung dieser Sportart pro Saison tödlich zu verunglücken, beträgt demnach etwa 1 zu 100.000. Bei 50 Jahren entgangener Lebenszeit pro Todesopfer beträgt die durchschnittliche Lebenszeitverkürzung aller Skifahrer dann 4,5 Stunden pro Saison.

ZECKENBISS

Zecken lauern im Unterholz. Bei Spaziergängen im Wald, aber auch in Gärten und Parkanlagen befallen sie Mensch und Tier. Die blutsaugenden Plagegeister können gefährliche Infektionskrankheiten, hauptsächlich die Borreliose und die Frühsommer-Meningoenzephalitis FSME (eine Hirnhautentzündung), übertragen. Bis zu 35% der Zecken tragen die Erreger in sich. In Deutschland erkranken jedes Jahr fast 100.000 Menschen an Borreliose. Schädigungen von Muskeln, des Nervensystems und der Gelenke können die Folge einer Borreliose-Infektion sein. Wird die Krankheit nicht rechtzeitig erkannt, bleiben oft dauerhafte Schäden zurück. Todesfälle durch eine Borreliose-Infektion sind aber nicht bekannt.

Dagegen kann eine FSME-Erkrankung in seltenen Fällen auch zum Tode führen. Schätzungen zufolge erkranken in Deutschland zwischen zwei- und fünfhundert Menschen jährlich an einer durch Zeckenbisse übertragenen FSME. Davon verlaufen bis zu 10 Erkrankungen tödlich. Hieraus resultiert eine durchschnittliche Verkürzung der Lebenserwartung von 3,5 Stunden, wenn man das Zeckenrisiko auf die gesamte Bevölkerung hochrechnet. Das Zeckenrisiko ist also sehr gering. Dabei darf aber nicht vergessen werden, dass nur bestimmte Gebiete, vorwiegend in Süddeutschland, von der durch Zecken übertragenen FSME betroffen sind. In diesen Landesteilen ist das Risiko natürlich höher.

ZUGFAHREN

Viele Menschen erinnern sich sicherlich noch an das spektakuläre Zugunglück bei Eschede im Jahr 1998. Damals entgleiste der ICE „Wilhelm Conrad Röntgen" infolge des Bruchs eines Radreifens. Der aufgrund von Materialermüdung gebrochene Reifen löste eine Kette von Ereignissen aus, die zum Entgleisen der hinteren Wagen des Zuges führte. Die Bilanz dieses tragischen Unglücks: 101 Personen wurden getötet, viele z. T. schwer verletzt. Es war das schwerste Zugunglück in der Geschichte der Bundesrepublik.

Dennoch stellt die Eisenbahn nach dem Bus das zweitsicherste Verkehrsmittel dar. In Deutschland werden beim Bahnfahren statistisch pro Milliarde Personenkilometer 0,16 Menschen getötet (Quelle: Allianz pro Schiene). Wie beim Busfahren kann man kein typisches Benutzungsprofil der Eisenbahn angeben. Manche Menschen fahren fast niemals mit der Bahn, andere reisen gelegentlich und wieder andere benutzen täglich die Bahn, beispielsweise um zur Arbeit zu gelangen. Daher soll im Folgenden das Risiko einer Bahnreise von 500 Kilometern Länge errechnet werden. Auf 500 Kilometer kommen 0,16 mal 500 geteilt durch 1 Milliarde Tote. Das heißt, von 12.500.000 Reisenden, die mit der Bahn diese Strecke zurücklegen, stirbt einer bei einem Unfall. Statistisch verliert man durch eine solche Reise dann 100 Lebenssekunden (40 Jahre geteilt durch 12,5 Millionen). Wenn man 30 Jahre lang jedes Jahr eine Bahnreise macht, beträgt die verlorene Lebenszeit statistisch nur 50 Minuten.

RISIKEN IM VERGLEICH

Soviel Lebenszeit riskiert man statistisch, wenn man sich den folgenden Gefahren aussetzt. Die Zeitangaben sind natürlich nur rechnerische Größen, man verliert ja durch einen Unglücksfall nicht nur ein paar Sekunden, Minuten oder Stunden, sondern seine ganzen restlichen Lebensjahre. Auch kann man bestimmten Gefahren nicht wirklich ausweichen (wer würde schon völlig darauf verzichten, sich zumindest als Fußgänger auf die Straße zu wagen), dennoch ermöglichen diese Angaben einen Vergleich der sehr unterschiedlichen Risiken:

Meteoriteneinschlag	2 Sekunden
Kreuzotternbiss	15 Sekunden
Eine Busfahrt (500 km)	1 Minute 15 Sekunden
Eine Bahnreise (500 km)	1 Minute 40 Sekunden
1 Zigarette rauchen	8 Minuten
Einmaliger Geschlechtsverkehr mit einem Unbekannten für Männer / einer Unbekannten für Frauen	15Minuten / 23 Minuten
Verzehr einer Mahlzeit selbstgesuchter Pilze (Vergiftungsrisiko)	16 Minuten
Eine Ballonfahrt	17 Minuten
Kernenergienutzung in Deutschland	bis zu 27 Minuten
30 Jahre Busfahren (500km pro Jahr)	38 Minuten

30 Jahre Bahnfahren (500 km pro Jahr)	50 Minuten
Terrorismus	53 Minuten
Ein Bungee-Sprung	1 Stunde
Tödlicher Hundebiss	1,5 Stunden
Begleitung eines Castor-Transports	2 Stunden
Blitzschlag	3,5 Stunden
Zeckenbiss (FSME-Infektion)	3,5 Stunden
Skilaufen (eine Saison)	4,5 Stunden
Ein Fallschirmabsprung	7 Stunden
Unwetter (Sturm und Hochwasser)	7 Stunden
Fliegen als Passagier (30 Jahre/ 1 Reise pro Jahr)	12 Stunden
Transrapid (1 Fahrt auf der Versuchsstrecke)	14 Stunden
Fliegen (Geschäftsreisender, 30 Jahre / 20 Flüge pro Jahr)	5 Tage
Feuer	7 Tage
Ertrinken	7 Tage
Fußgänger im Straßenverkehr	9 Tage
Arbeitsunfall (Mittelwert über alle Branchen)	10 Tage
Mord und andere Tötungsdelikte	10 Tage
Einmaliger Geschlechtsverkehr mit einem/ einer HIV-Infizierten für Frauen / Männer	10 Tage / 16 Tage
Tauchsport (30 Jahre lang)	11 Tage
Radfahren (50 Jahre)	15 Tage
Ballonfahren (25 Jahre, 50 Starts pro Jahr)	15 Tage
Natürliche Radioaktivität (Radon)	6 bis 66 Tage
Jäger (über einen Zeitraum von 40 Jahren)	1 Monat
Influenza-Grippe	1 Monat
Arbeitsunfall (Baugewerbe)	40 Tage
Lebensmittelvergiftung	41 Tage

Passivrauchen	50 Tage
Straßenverkehr, allgemein	2,4 Monate
Ärztliche Kunstfehler (Krankenhaus)	2,5 Monate
Leben am Fuße eines Vulkans	bis zu 3 Monate
Autofahren	3 Monate
Unfälle im Haushalt	3 Monate
Suizid	3,6 Monate
Segelfliegen (30 Jahre)	5 Monate
Sportfliegen (einmotorige Flugzeuge bis 2 Tonnen, 30 Jahre)	5 Monate
Gleitschirmfliegen (30 Jahre)	5,5 Monate
Berufspilot (30 Jahre, 800 Flüge pro Jahr)	6 Monate
1 Jahr Drogenabhängigkeit (Heroin, Kokain)	6 Monate
Ein Mitflug im Space-Shuttle	8 Monate
Feinstaubbelastung	9 Monate
Motorradfahren (30 Jahre)	9,5 Monate
30 Jahre Fallschirmspringen (50 Sprünge pro Jahr)	1 Jahr
Tornadopilot oder Waffensystemoffizier	1,3 Jahre
Starfighterpilot	2,3 Jahre
Krieg (20. Jahrhundert)	3 Jahre
Fettleibigkeit (BMI > 30)	5 bis 7 Jahre
Rauchen	5 bis 10 Jahre
20 Jahre Drogenabhängigkeit (Heroin, Kokain)	10 Jahre
Extreme Fettleibigkeit (BMI > 40)	5 bis 20 Jahre
Langjähriger Alkoholmissbrauch	10 bis 15 Jahre
Asbestkontakt über längeren Zeitraum	bis zu 20 Jahre